Ferdinand Karsch

Äthiopische Rhopaloceren

Ferdinand Karsch

Äthiopische Rhopaloceren

ISBN/EAN: 9783744605267

Hergestellt in Europa, USA, Kanada, Australien, Japan

Cover: Foto ©ninafisch / pixelio.de

Weitere Bücher finden Sie auf **www.hansebooks.com**

„Entomologische Nachrichten, herausgegeben von Dr. Fr. Karsch"
(Berlin, R. Friedländer & Sohn).
Jahrgang XXI (1895), No. 18, Seite 275—280.

(Aus dom Königlichen Museum für Naturkunde zu Berlin.)

Aethiopische Rhopaloceren. I.

Von Dr. F. Karsch.

Nymphaliden.

Diestogyna ernesti-baumanni nov. spec. ♀.

Flügelschnitt wie bei *Diestogyna felicia* (Butl.) (sub *Aterica* in Lepidoptera Exotica 1874, tab. 28, fig. 3), einer Art, mit welcher allein von allen abgebildeten *Diestogyna*-♀♀ die vorliegende verwechselt werden könnte.

Flügeloberseite dunkelbraun mit bleichgelben Zeichnungen: in der Zelle der Vorderflügel die typischen, nierenförmige Flecke der Grundfarbe umrahmenden, fünf Querlinien der *Diest. felicia*, nur weniger deutlich ausgeprägt; eine Strecke auswärts vom Zellende eine ziemlich breite, winkelige, aus fünf Flecken zusammengesetzte Schrägbinde, welche von der Subcosta bis zum ersten Medianaderaste reicht; die drei vordersten Flecke dieser blassgelben Binde zwischen der Subcosta und M_3 sind die kleinsten, nehmen aber von

vorn nach hinten an Grösse etwas zu und liegen in einer
schrägen, gerade auf den hinteren Aussenwinkel gerichteten
Flucht; an den hintersten grössten dieser drei vierseitigen
und keinesweges mondsichelförmigen Flecke, den zwischen
UR und M_3 gelegenen, stösst in der ganzen Länge dieses
Fleckes ein mehr auswärts gerückter, lang gestreckter blassgelber, am Aussenrande gespaltener Fleck zwischen M_3 und
M_2, welcher den Gabelwinkel dieser beiden Aeste für die
braune Grundfarbe frei lässt, jedoch sonst die ganze innere
Hälfte des Feldes zwischen M_2 und der Zwischenaderfalte
zwischen M_3 und M_2 ausfüllt, und diesen grössten der fünf
Flecke der Subapicalbinde berührt hinten eine nur sehr
kurze Strecke ein die ganze Breite des Feldes zwischen
M_2 und M_1 einnehmender, an seinem Innenrande doppelt
ausgebuchteter, an seinem Aussenrande gerundeter und hier
kaum mehr als 2 mm vom Vorderflügelaussenrande ent-
fernter, mehr langer als breiter, blassgelber Fleck. Zwischen
M_1 und der Subcosta liegt eine innen offene Bogenreihe
von vier weissen Punktfleckchen. Hinterflügel oberseits
ganz wie bei *Aterica felicia* Butl., nur ist das Dunkelbraun
der Grundfarbe bei *Diestogyna ernesti-baumanni* etwas lichter.

Unterseite der Flügel ähnlich der Oberseite, jedoch ist
im Vorderflügel der Vorderrand, nach hinten bis zur Mediana, nach aussen bis in die Bogenreihe weisser Punktfleckchen
hinein, graubraun (bläulich graubraun), die Flecke der
Subapicalbinde sind noch blasser gelb und der blassgelbe
Fleck zwischen M_2 und M_1 am Innenrande gerade abgeschnitten, nicht ausgebuchtet, und reicht etwas weiter nach
innen; das dunkle Wurzelfeld des Hinterflügels ist (bläulich-)
graubraun, am Aussenrande nicht gerade abgeschnitten wie
oben, sondern zwischen je den Adern ausgebuchtet, die
Färbung des Analfeldes ist graubraun und das blassgelbe
Feld ist weitläuftig fein braunfleckig gesprenkelt.

Vorderflügel 29, Spannweite 53 mm.

Beschreibung nach einem etwas beschädigten Exemplare
ohne Hinterleib; leider steht das ♂ noch aus.

Auf der Station Misahöhe in der Landschaft Agome
im Togogebiete am 6. Januar 1894 durch den sehr verdienst-
vollen Forscher Herrn Ernst Baumann erbeutet.

***

Christ. Aurivillius hat kürzlich (Entomolog. Tidskrift,
XV, 1894, p. 301 no. 155) die Ansicht ausgesprochen, dass
Butler's *Aterica felicia* vielleicht das ♀ der *Diestogyna*

amicia (Hew.) sei. Diese Vermuthung ist indessen sicher
eine irrige. Das Berliner Museum für Naturkunde befindet
sich im Besitze des echten, noch unbeschriebenen Weibchens
der *Diestogyna amicia* von Victoria in Kamerun, welches
das Museum den langjährigen aufopfernden Bemühungen
des kenntnissreichen Forschers Dr. Paul Preuss im Interesse des genannten Museums zu verdanken hat; dieses
♀ zeigt nicht nur die Flecke der subapicalen Schrägbinde
des Vorderflügels von reinweisser Farbe, sondern es sind
auch die einzelnen Flecke dieser Binde ganz anders als
bei *Aterica felicia* geformt: die drei vordersten bilden regu-
läre Rechtecke, die beiden hintersten zwischen den Aesten
der Mediana sind rundlich, mehr breit (hoch) als lang,
ziemlich gleich gross und füllen die ganze Breite (Höhe)
des von ihnen eingenommenen Zwischenaderfeldes aus; der
vordere dieser Flecke zwischen M₂ und M₃ ist nach vorn
und innen ein wenig spitz ausgezogen, der hintere, zwischen
M₂ und M₁ gelegene, ist am Innenrande doppelt ausgebuchtet.
Dass es sich bei diesem Exemplare in der That um das ♀
der *Diestogyna amicia* (Hew.) handelt, erweisen die beiden
für das ♂ dieser Art charakteristischen graubraunen Flecke
der Hinterflügelunterseite dieses ♀: ein rundlicher kleinerer
Fleck in der Zelle und ein grösserer eckiger Fleck auswärts
am Zellende zwischen M₂ und OR; auch fehlt dem Hinterflügel des echten ♀ der *Diestogyna amicia* die der Arten-
Gruppe *felicia, saphirina* und *ernesti-baumanni* eigenthümliche
breite gelbe Binde des Hinterflügels und Butler dürfte
am Ende mit seiner Forderung Recht behalten: „it is pro-
bable that the male is of a blue or purple colour above"
(loc. cit. p. 73); *Diestogyna felicia* (Butl.) ♀ dürfte dem un-
bekannten ♀ der *Diestogyna amaranta* Karsch ♂ (nec ♀
= *D. karschi* Aurv.) viel näher stehen, als dem hier beschriebenen echten ♀ der *Diestogyna amicia* (Hew.).

Euryphene orientis nov. spec. ♂♀.

Euryphene senegalensis Oberthür, Etud. Entomol. III, 1878, p. 28
(nec *Euryphene senegalensis* Herrich-Schäffer, Ausseurop. Schmett.,
1850/58, fig. 95, 96, 97, 98).
Euryphene * ، * Staudinger, Exot. Schmett. Tagf. 1888, p. 149.

♂: Färbung der Flügeloberseite braunroth mit schwarzen
Ringflecken, Punktflecken, Linien und Zackenbinden nebst
orangegelben Binden, ganz wie bei *Euryphene senegalensis*
H. Sch., nur ist im Vorderflügel die orangegelbe Subapicalbinde zwischen dem Vorderrande und M₂ viel breiter und

4

die Felder zwischen M_2 und M_1, M_1 und SM sind durch schärfere Markierung einer überdies auswärts breit orangegelb begrenzten schwarzen Querbinde wurzelwärts von bunterem Aussehen; auch der Hinterflügel erscheint durch entschiedene Ausbildung einer einwärts von der beiden Arten eigenthümlichen Bogenbinde rundlicher schwarzer Flecke liegenden schwärzlichen Querlinie, sowie durch das orangegelb aufgelichtete breite Feld zwischen ihr und der welligen schwarzen Linie nächst dem Aussenrande, viel lebhafter als *senegalensis* H. Sch. gefärbt.

♀. Färbung der Flügeloberseite orangegelb mit wenig grau, wurzelwärts braunroth, mit schwarzen Ringflecken und Punktflecken ganz wie bei *senegalensis* H. Sch., nur ist das Feld zwischen M_1 und SM im Vorderflügel durch jäheren Wechsel von Orangegelb und Schwarz weniger eintönig; auch auf den Hinterflügeln zeigt sich das Feld zwischen SC und OR, abgesehen von dem rundlichen schwarzen Fleck einwärts von dem schwarzen Bogenfleck der dem Aussenrande parallelen Bogenlinie rein orangegelb, nicht vorwiegend grau wie bei *senegalensis* H. Sch.; im Vorderflügel ist die ganze Spitzenhälfte von der Mitte des Vorderrandes bis fast zum hinteren Aussenwinkel schwarz, weiss gefleckt wie bei *senegalensis* H. Sch., jedoch ist die zackenrandige weisse Subapicalbinde in ihrer ganzen Ausdehnung mehr als doppelt so breit wie die von *senegalensis* H. Sch.; der in dem Felde zwischen M_2 und der Falte zwischen M_3 und UR befindliche und die ganze Breite dieses Feldes einnehmende Theil der Subapicalbinde schimmert fast auf seiner ganzen Aussenhälfte violett, indem hier das unterseits beginnende, einwärts scharf gerandete, dunkel gesprenkelte dreieckige Aussenfeld durchschimmert.

Der Farbenton und die eigenthümliche Zeichnung der Flügelunterseite beider Geschlechter scheinen nicht wesentlich von dem Verhalten bei *Euryphene senegalensis* H. Sch. verschieden zu sein.

Körperlänge ♂ 23, ♀ 21, Vorderflügellänge ♂ 35, ♀ 39, Spannweite ♂ (zwischen den Vorderflügelspitzen) 60, ♀ (zwischen den Mündungen von M_1 im Vorderflügel) 60 mill.

Nach reichlich 100 vollkommen übereinstimmenden Exemplaren von Ostafrika, zumeist von Dar es Salam.

Diese in Ostafrika anscheinend sehr gemeine *Euryphene*-Art wurde wegen ihrer grossen Aehnlichkeit mit *Euryphene senegalensis* H. Sch. mehrfach mit dieser verwechselt. Oberthür sagt loc. cit. von *senegalensis* H. Sch.: „Cette espèce

varie beaucoup pour la taille, la teinte violacée des ♂ plus
ou moins foncée, le développement de la tache blanche
transverse à l'aile supérieure dans les ♀." Diese Angaben
sind nur dann richtig, wenn man die grössere *Euryphene
orientis* mit der kleineren *Euryphene senegalensis* zusammen-
wirft, was aber unzulässig ist, da die Uebergänge fehlen.
Uebrigens muss *Euryphene orientis* im Leben weit
prächtigere Färbung zeigen als im Tode, denn, wie Herr Dr.
Neuhaus mir versicherte, schillert das ♂ im Fluge prachtvoll purpurroth und ein ♀ der Berliner Sammlung trägt
die Bezeichnung „grosser Bläuling".
Es scheint, dass *Euryphene orientis* auch mit *Euryphene
mardania* (F.) von Westafrika hin und wieder vertauscht
worden ist; diese Art mit ähnlicher Unterseite der Flügel
kann aber als nächste Verwandte der *Euryphene orientis*
kaum in Betracht gezogen werden: sie ist noch grösser als
die ostafrikanische Art. ihre Flügeloberseite beim ♂ dunkel
rothbraun und beim ♀ nimmt der Theil der weissen Subapicalbinde des Vorderflügels, welcher zwischen M_1 und M_2
liegt, niemals die ganze Breite des von diesen Aderästen
begrenzten Feldes ein, sondern ist vielmehr klein und drei-
eckig, bisweilen sehr klein oder gänzlich fehlend.

Euphaedra acrosaleuca nov. spec. ♂♀.

Fühlerkolbe gelb, dunkel geringt. — Flügelschnitt ähnlich dem der *Euphaedra preussi* Staud. von Kamerun.

♂: Flügeloberseite schiefergrau, glänzend, im Vorderflügel ein schmales Feld am Hinterrande der Zelle und
dahinter das ganze Wurzelfeld bis zum Flügelhinterrande
bronzegrün; in einem Abstande von etwa 6,5 mill. vom
Aussenrande verläuft eine schmale, schwärzliche Querbinde
zum grössten Theile dem Aussenrande parallel und mündet
nahe dem Aussenwinkel am Hinterrande; zwischen dem
Zellende und der Spitze liegt eine vom Vorderrande bis zur
schwärzlichen Querbinde reichende schmale gelbliche subapicale Schrägbinde; die Flügelspitze ist sehr ausgedehnt
(5 mill. lang am Vorder- und am Aussenrande sowie in der
Fläche) reinweiss und der schiefergraue Fransensaum des
Aussenrandes an den Mündungen der Zwischenaderfalten
mit weissen Fleckchen verziert. Im Hinterflügel ist das
Wurzelfeld ausgedehnt bronzegrün; der schiefergraue breite
Aussenrandssaum wird von einer schwärzlichen Bogenbinde
getheilt, welche breiter ist als die entsprechende Querbinde
des Vorderflügels; Fransen wie im Vorderflügel gefärbt.

Unterseits sind die Flügel grünlichgelb bis braungelb, die dunkelbraune Binde nächst dem Aussenrande wie oben, jedoch fleckenartig aufgelöst, der Spitzenfleck des Vorderflügels und die Färbung der Fransen wie oben; endlich ist die gelbe Subapicalbinde der Vorderflügeloberseite unten angedeutet; die Zelle führt im Vorderflügel drei rundliche schwarze Flecke, einen wurzelwärts, zwei auf der Mitte, im Hinterflügel nur einen dem Vorderrande der Zelle genäherten Fleck auf der Mitte; der Hinterrand des Vorderflügels und der Vorderrand des Hinterflügels sind breit prächtig carmoisinroth gesäumt.

Beim grösseren ♀ ist die Zeichnung der mehr gerundeten Flügel der des ♂ gleich, aber die Grundfarbe der Flügeloberseite ist gleichmässig hellbraun, ohne Glanz, der Aussenrand so breit dunkelbraun gesäumt, dass die dunkle, parallel dem Aussenrande verlaufende Binde die innere Grenze dieses Saumes zu bilden scheint, die subapicale Schrägbinde des Vorderflügels breiter und lichter, der ganze Vorderrand der Vorderflügeloberseite prächtig dunkelviolett gesäumt, die Grundfarbe der Unterseite beider Flügel dunkler, ein grünliches Braungelb.

Körperlänge ♂ 29, ♀ 27, Vorderflügellänge ♂ 41, ♀ 50, Spannweite ♂ 80, ♀ 92 mill.

Nach einem wohlerhaltenen Paare vom Quango durch Herrn Major von Mechow.

Das Berliner Museum erhielt vor Kurzem noch eine zweite prachtvolle neue *Euphaedra*-Art von Uganda durch Herrn Oskar Neumann in bedauerlicherweise nur einem schönen männlichen Exemplare, dessen Beschreibung Herr Professor Chr. Aurivillius in Stockholm zu übernehmen sich freundlichst erboten hat.

Acraeidae.

Planema albicolor nov. spec. ♀.

Von Uganda ist durch Herrn Oskar Neumann ein einzelnes ♀ einer *Planema*-Art eingegangen, welches im Flügelschnitt und in der Zeichnung so vollständig mit dem ♀ der *Planema consanguinea* Aurv. (Ent. Tidskr. XIV, 1893, p. 282, fig. 8) übereinstimmt, dass ich eine noch so geringfügige Abweichung von dieser Art nicht anzugeben vermag, ausser der etwas geringeren Grösse der schwarzen Punktflecke im Wurzelfelde der Hinterflügel. Bei dem ♀ von Uganda ist aber alles Gelb und Rothbraun der

Flügel und des Körpers der *Planema consanguinea*
vollständig weiss. Ich halte es um so mehr für geboten,
diesem Thiere einen besonderen Namen zu belassen, auch
wenn es nach Entdeckung des ♂ sich ergeben sollte, dass
Planema albicolor mit *Planema consanguinea* zusammen-
fällt, weil Aurivillius von seiner *consanguinea* (loc. cit.
p. 282) ausdrücklich betont „diese Art scheint wenig ver-
änderlich zu sein."

Von *Planema consanguinea* Aurv. besitzt das Berliner
Museum gegenwärtig Exemplare von Kamerun, welche
durch das ganz einfarbig rothbraune Wurzelfeld der
Vorderflügeloberseite mit Aurivillius' Beschreibung vollkommen übereinstimmen; ferner Exemplare von Mukenge,
bei denen der Vorderrand dieses hinten rothbraunen
Wurzelfeldes bis zur Mediana schwarzbraun gefärbt ist.

Satyriden.

Mycalesis mollitia nov. spec. ♂.

Leib dunkelbraun; Fühlerkeule unten gelb, auf der Mitte
braun. Vorderflügel an der Wurzel der Costa mit dichter
abstehender Behaarung. Augen nackt.

Flügelschnitt wie bei *Mycalesis saga* Butl., welcher die
neue Art sehr nahe verwandt sein dürfte.

Oberseits sind die Flügel schön blauschwarz, matt; ein
ausgedehntes Spitzenfeld des Vorderflügels sowie sein Aussenrand sind schmal lichter gelbbraun, während die Spitze selbst
und eine feine Aussenrandlinie dunkler braune Beschuppung
tragen, wodurch eine subapicale bindenartige Aufhellung
entsteht, in welcher auf der Falte zwischen UR und OR ein
kleiner dunkler, weiss gekernter Augenfleck sich befindet;
auf der Flügelmitte auswärts von der Gabel von M_2 mit M_3
und diese ausfüllend liegt zwischen M_1 und M_2 ein brauner
matter Filzfleck; auf den Hinterflügeln sind der Vorderrand
breiter, der Aussenrand schmal gelbbraun gesäumt, die
Aussenrandlinie selbst und eine ihr nahe und parallele
Saumlinie des Aussenrandes sind braun; nahe ihrem Vorderrande erhebt sich in der Zelle diesseits ihrer Mitte ein
Pinsel lichter nach aussen gerichteter Borstenhaare und
auswärts von diesem liegt zwischen der Zelle und dem
Vorderrande ein glänzender glatter schiefergrauer Fleck;
am Grunde bis fast zum Zellende hin sowie im Analfelde
wuchert eine längere braune anliegende Behaarung.

Unten haben die Flügel ein ausgedehntes mattes schwarzbraunes Wurzelfeld, welches aussen scharf und fast gerade abgeschnitten und auswärts blaugrau berandet ist; nächst dem Costalrande des Vorderflügels rundet sich die Randlinie sanft ab, reicht nach dem Hinterrande hin über M_1 nur wenig hinaus und erreicht auf dem Hinterflügel nach hinten zu beinahe den Analwinkel; der Hinterrand des Vorderflügels ist breit aufgelichtet und auf der Mitte glänzend schiefergrau; nach aussen grenzt dieses dunkle Wurzelfeld an ein breites, lichteres, graubraunes und braun wolkig verdunkeltes Aussenrandsfeld, in welchem einwärts von der braunen Aussenrandlinie eine dieser parallele braune Saumlinie verläuft, auf welche nach innen zu eine stark zackig verlaufende braune Linie folgt; mitten zwischen dieser und dem Aussenrande des dunklen Wurzelfeldes liegt im Vorderflügel eine gerade Querreihe von vier weisslich gekernten Augenfleckchen, ein grösseres braunes, licht umhoftes zwischen M_1 und M_2 und drei verloschene zwischen M_2 und SC_5; im Hinterflügel eine Bogenreihe von sieben ziemlich kleinen Augenfleckchen, je einem zwischen SC und OR, OR und UR, UR und M_3, M_2 und M_3, M_2 und M_1 und noch zwei zwischen M_1 und SM; die zwei vordersten und die drei hintersten Augenflecke dieser Reihe sind schwarz, weiss gekernt und gelb umringt, überdies aussen noch von einem braunen und dann von einem blaugrauen Hofe umzogen; die beiden Augenflecke zwischen M_2 und UR sind gelb, weiss gekernt und braun umhoft; sechs dieser Augenflecke sind ziemlich von gleicher Grösse und der grösste Augenfleck zwischen M_2 und M_1 ist auch nur wenig grösser als die anderen.

Körperlänge 19,5, Vorderflügellänge 26,5, Spannweite 49 mill.

Nach einem wohlerhaltenen ♂ aus den Sammlungen des Herrn Oskar Neumann von Uganda.

Papilioniden.

Die Arten der *Papilio adamastor*-Gruppe.

In meiner Arbeit über die Insecten der Berglandschaft Adeli, 1. Theil (Berl. Ent. Zeitschr. XXXVIII, 1893) nahm ich p. 237 und 239 unter Nummer 165 den *Papilio adamastor* Bsd. auf; bei der Bestimmung der zu dieser Art gezogenen Stücke von Bismarckburg schwankte ich zwischen *adamastor* Bsd. und *almansor* Honr., entschied mich aber für *adamastor*, weil Hourath (Berl. Ent. Zeitschr. XXVIII,

1884, p. 210) die bestimmte Angabe macht „dagegen zeigt dieser" (d. h. sein neuer *almansor*) „am obern Theile der Discoidalzelle einen abgerundeten weissen Fleck, der bei allen mir bekannten Exemplaren von *P. Adamastor* fehlt" und weil dieser Fleck auch bei den Exemplaren von Bismarckburg nicht vorhanden war. Mittlerweile erhielt das Museum für Naturkunde eine grössere Anzahl Stücke der *Papilio adamastor*-Gruppe durch die Bemühungen des sehr für den Gegenstand interessirten Herrn Ernst Baumann von der Deutschen Station Misahöhe in der Landschaft Agome im Togohinterlande. Ihr Studium nöthigte mir die Erkenntniss auf, dass die Arten der *Papilio adamastor*-Gruppe viel weniger variieren, als das den Anschein hatte, und dass die Exemplare von Bismarckburg, welche ich für *adamastor* angesehen, in der That dem *Papilio almansor* Honr. viel näher stehen als dem *Papilio adamastor* Bsd., aber ohne Zweifel einer selbständigen noch unbenannten Art angehören. Es scheint mir interessant zu sein, dass bei Misahöhe drei Arten der *Papilio adamastor*-Gruppe zusammen vorkommen, nämlich *P. agamedes* Westw., *P. adamastor* Bsd. und die zu trennende neue Art, welche sämmtlich mit genauem Datum versehen von Herrn Ernst Baumann selbst gesammelt, als *P. adamastor* bestimmt und dem Museum für Naturkunde zu Berlin eingesendet worden sind.

Um selbst über die Abgrenzung der sechs einander sehr ähnlichen Arten der *Papilio adamastor*-Gruppe in's Klare zu kommen, versuchte ich, diese in einer dichotomischen Tabelle, welche ich hier folgen lasse, zum Ausdrucke zu bringen.

1 (2) Die langgestreckte Vorderflügelzelle führt etwas diesseits der Mitte eine schräge Reihe von allermeist drei, selten zwei, isolirten rundlichen weissen Fleckchen, jenseits der Mitte drei nur durch die dunkelbeschuppten Längsfalten der Zelle getrennte grosse weisse Flecke und noch zwei kleine rundliche weisse Flecke nächst dem Zellende; der grosse weisse Fleck am Hinterrande des Vorderflügels ist sehr ausgebreitet, er füllt das ganze Wurzelfeld und grenzt vorn an die Mediana ihrer ganzen Länge nach und an den ersten Medianast. Im Hinterflügel ist der Aussenrand je der grossen weissen Flecke des Wurzelfeldes niemals tief gespalten. Ostafrikanische Art: . . . . *philonoë.*

2 (1) Die langgestreckte Vorderflügelzelle führt diesseits der Mitte niemals weisse Flecke; der grosse weisse Fleck

am Hinterrande des Vorderflügels lässt die Wurzel und ein ziemlich breites Feld hinter der Mediana für die dunkle Grundfarbe frei. Im Hinterflügel ist der Aussenrand je der grossen weissen Flecke des Wurzelfeldes tief gespalten. Westafrikanische Arten.

3 (1) Der grosse weisse Fleck der Spitzenhälfte der Vorderflügelzelle besteht aus einem nur durch die fein dunkel beschuppte Längsfalte der Zelle getheilten langgezogenen Fleck an der Mediana und einem deutlich getrennten kleineren Vorfleck, welcher von der Subcosta breit getrennt bleibt; zwischen M_1 und M_2 des Vorderflügels liegt wurzelwärts ein grosser die ganze Breite des Feldes einnehmender weisser Fleck Im Hinterflügel führt der breite dunkle Aussenrand zwei Bogenreihen je paarweise zusammengehöriger weisser Fleckchen, deren äussere paarweise winkelig gestellt sind: .... *agamedes.*

4 (3) Der grosse weisse Fleck der Spitzenhälfte der Vorderflügelzelle erreicht stets die Subcosta und ist niemals durch dunkelbeschuppte Längsfalten der Zelle getheilt; der weisse Fleck zwischen M_1 und M_2 des Vorderflügels nimmt nie die ganze Breite des Feldes ein. Im Hinterflügel ist der breite dunkle Aussenrand oft ungefleckt, wenn aber weisse Fleckchen vorhanden sind, so sind die Fleckchen der äusseren Reihe niemals paarweise winkelig gestellt.

5 (10) Der grosse Fleck der Vorderflügelzelle ist an der Mediana höchstens doppelt so lang wie an der Subcosta, sein Aussenrand und sein Innenrand etwas gewellt (durch die Falten etwas eingebuchtet). Kleinere Arten von höchstens 42 mm Vorderflügellänge (wie *philonoë* und *agamedes*).

6 (7) Der grosse weisse Fleck der Vorderflügelzelle stösst hart an die Mediana in der ganzen Breite des Feldes zwischen M_2 und M_3 Das Aussenende der Hinterflügelzelle wird (wie bei *agamedes*) von der dunklen Grundfarbe des breiten Aussenrandes ausgefüllt: *adamastor.*

7 (6) Der grosse weisse Fleck der Vorderflügelzelle grenzt nicht breit an die Mediana, sondern ist zur Mediana hin gerundet oder erreicht dieselbe nicht. Das Aussenende der Hinterflügelzelle ist weiss ausgefüllt.

8 (9) Der grosse weisse Fleck der Vorderflügelzelle ist zur Mediana hin breit gestutzt, ohne die Mediana zu erreichen; nahe dem Zellende führt die Vorderflügelzelle noch einen einzelnen rundlichen weissen Fleck;

der weisse Fleck an der Submediana zwischen SM und M_1 ist, obwohl er weiter nach aussen reicht, als der hinter der Submediana gelegene, doch kürzer als dieser, indem ihr gemeinsamer Vorderrand wurzelwärts treppenstufenartig absetzt: . . . . *almansor.*

9 (8) Der grosse weisse Fleck der Vorderflügelzelle ist zur Mediana hin schmal abgerundet; ein rundlicher weisser Fleck nahe dem Zellende fehlt beständig; der weisse Fleck an der Submediana zwischen SM und M_1 ist länger als der hinter der Submediana gelegene und ihr Vorderrand wurzelwärts gemeinsam gerundet:
carchedonius.

10 (5) Der grosse weisse Fleck der Vorderflügelzelle reicht von der Subcosta bis zur Mediana und ist hier über dreimal so lang wie an der Subcosta, sein Aussenrand gerundet, sein Innenrand tief ausgebogen. Grössere Art von fast 47 mill. Vorderflügellänge: . . *poggianus.*

1. *Papilio philonoë* Ward — Von dieser Art gibt es meines Wissens keine Abbildung; sie scheint in Ostafrika keine Seltenheit zu sein.

Im Berliner Museum Exemplare von Malindi (Fischer), Ndara (5. und 6. Dec. 1889, Dr. H. Meyer), Saadani (v. Nettelbladt), Usaramo, Dar es Salam und Yegea. 4. Oct. 1894 (Dr. F. Stuhlmann).

2. *Papilio agamedes* Westw. — Westwood, Arcana Entomologica, I, 1841/43, p. 154, tab. 37, fig. 3; tab. 39, fig. 3.

In Widerspruch mit Westwood's Abbildungen zeigen alle von mir gesehenen Exemplare nur drei weisse Längsflecke in der Vorderflügelzelle, während die Abbildungen deren vier aufweisen.

Im Berliner Museum Exemplare von „Guinea" (Westermann), Ashante (Ernst Baumann) und Togo, Misahöhe (6. April 1894. Ernst Baumann)

3. *Papilio adamastor* Bsd. — Westwood, Arcana Entomologica, I, 1841/43, p. 153, tab. 38, fig. 3.

Westwood's Abbildung passt gut zu Boisduval's älterer Original-Beschreibung.

Im Berliner Museum Exemplare von „Guinea" (Westermann) und von Togo, Misahöhe (1. Sept. 1893 und 8. April 1894, Ernst Baumann).

4. *Papilio almansor* Honr. — Honrath, Berl. Ent. Zeitschr. XXVIII, 1884, p. 210, tab. 7, fig. 9 ($\mathcal{3}$).

Im Berliner Museum ein Exemplar von Nieder-Guinea (Dr. Paul Pogge).

5. *Papilio carchedonius* n. sp. — ♂ ♀.
Papilio adamastor Karsch, Berl. Ent. Zeitschr., XXXVIII,
1893, p. 237; p. 239 sub 165 (nec *Papilio adamastor* Bsd., nec Westw.).
Im Berliner Museum zahlreiche Exemplare ausschliess-
lich aus dem Hinterlande von Togo: von Bismarckburg
(Jan. 1891 ♀ und 15. März bis 15. April 1891, ♂: Dr. R.
Büttner; 28. Dec. 1889, ♂, Hauptmann Eugen Kling) und
von Misahöhe (4. und 31. März 1894, 4. April 1893, 8.
und 16. April 1894, Mai 1893, 18., 24. und 25. Oct., 1. Nov.
und 7. und 9. Dec. 1893, nur ♂♂, Ernst Baumann mit
der Notiz „sehr häufig in der Ebene und dem Gebirge").
Die Art ist dem *Papilio almansor* Honr. l. c. tab. 7,
fig. 9 überaus ähnlich, unterscheidet sich aber von *almansor*
1) durch den beständig fehlenden rundlichen weissen Fleck
nächst dem Aussenende der Vorderflügelzelle, 2) die einwärts nicht treppenstufenartig abgesetzten, sondern gemeinsam
gerundeten beiden weissen Flecke am Hinterrande hinter M_1
der Vorderflügel, 3) die viel längeren weissen Flecke zwischen
OR und SC_3, von denen der hintere zwischen OR und SC_4
nicht wie bei *almansor* aussen gegabelt, sondern seiner ganzen
Länge nach getheilt ist, 4) die viel längeren beiden weissen
Flecke zwischen M_2 und M_3, M_3 und UR des Vorderflügels,
von denen der vordere wurzelwärts am Vorderrande einen
vorspringenden Winkel bildet, endlich 5) durch den viel
näher an die Mediana heranrückenden grossen weissen Fleck
der Vorderflügelzelle. Nicht beständig in ihrem Auftreten
sind zwei weisse Flecke der Vorderflügel saumwärts zwischen
M_1 und M_2, da von ihnen der innere bald grösser bald
kleiner sein, bald ganz fehlen kann. Die weissen Fleckchen
in dem breiten dunklen Saumfelde der Hinterflügeloberseite
sind sehr wenig beständig, fehlen allermeist ganz oder bilden
zwei Bogenreihen, die Fleckchen der äusseren Reihe sind
dann aber niemals paarweise winkelig zu einander gestellt
(wie das bei *agamedes* der Fall ist), sondern parallel; das
Aussenende der Hinterflügelzelle ist beständig weiss ausgefüllt und es liegt noch ein weisser Längswisch wurzelwärts
zwischen UR und OR hart an OR, ganz wie bei *almansor*,
während bei *adamastor* das Aussenende der Hinterflügelzelle
oben schwarz ausgefüllt ist und der weisse Wischfleck wurzelwärts zwischen UR und OR ebenso beständig fehlt.
6. *Papilio poggianus* Honr. — Honrath, Berl.
Ent. Zeitschr. XXVIII, 1884, p. 210, tab. 7, fig. 10 (♂).
Im Berliner Museum das typische Exemplar von Nieder Guinea (Dr. Paul Pogge).

„Entomologische Nachrichten, herausgegeben von Dr. Fr.
(Berlin, R. Friedländer & Sohn.)
Jahrgang XXI (1895), No. 19 und 20, Seite 289—32)

Aethiopische Rhopaloceren. II.

Von Dr. F. Karsch.

eigenthümliche Charaktere begründet sind, wie das bei
einigen Gruppen des de Nicéville'schen Lycaeniden-
Systems recht augenfällig zu Tage tritt, z. B. bei der
Polyommatus-Gruppe (mit den Gattungen 116—124), ferner
bei *Deudorix* und *Zinaspa* (Gattung 169 und 170). Ich
selbst darf mich freilich von einem analogen Fehler, den
ich, völlig unbewusst den Fussstapfen de Nicéville's
folgend, beging, nicht freisprechen, nämlich von dem Fehler
der Aufstellung einer lediglich auf Färbung begründeten
Gattung *Oboronia*[1]). Dieser theoretischen Erörterungen
ungeachtet wird es kein Nachtheil für die Forschung sein,
wenn der von de Nicéville mit Glück beschrittene Weg
vorläufig weiter verfolgt werden sollte, bis einmal das ganze
grosse recente Material so weit gesichtet und erschöpfend
durchgearbeitet sein wird, dass an eine, auf ein begrenztes
Faunengebiet nicht beschränkte, kritische Sichtung gedacht
werden kann; es kann dieses Spalten dann nicht von Nachtheil sein, wenn es mit dem vollen Bewusstsein der Unzu-
länglichkeit der angewendeten Methode geschieht. — Bei
Benutzung des Werkes de Nicéville's ist darauf zu
achten, dass derselbe stets einen Subcostalast im Vorderflügel weniger zählt als Schatz-Röber, indem er einen
dieser Aeste, SC_5, als Subcostalstamm auffasst.

Epitola ernesti nov. spec.

♀: Vorderflügel breit, mit fast geradem Vorder- und
Aussenrande; der Aussenrand ein wenig kürzer als der
Hinterrand und dieser nur wenig kürzer als der Vorder-
rand. Hinterflügel mit schön gerundetem Aussenrande.

Flügeloberseite rein weiss, im Vorderflügel die Wurzel
bis etwa zur Zellenmitte und der Hinterrand breit, im
Hinterflügel die Wurzel bis zum Ursprunge von M_1 ohne
scharfe Grenze himmelblau bestäubt; alle Adern blau bestäubt, gegen die Mündung hin braun; im Vorderflügel der
Costalrand, die Spitze und der Aussenrand breit dunkelbraun (fast schwarzbraun) gesäumt, dieser Saum an der
Spitze am breitesten, nach der Wurzel und nach dem
hinteren Aussenwinkel zu stark verschmälert zulaufend;
am Vorderrande reicht der dunkle Saum bis zur Wurzel
von UR, woselbst er nach aussen hin zwischen OR und

---

[1]) „Oboroni" heissen nach Mittheilung des Herrn Dr. R.
Büttner bei den Togoleuten von Bismarckburg die Weissen.

UR eine Strecke an UR von der lichten Grundfarbe frei lässt; der Aussenrandsaum ist einwärts nicht scharf begrenzt und nicht gerade; Fransen braun, nur ihre Spitzen weiss; die langen Wimperhaare am Hinterrande weiss. Im Hinterflügel ist der Aussenrand zwischen SC und M_1 vorn breiter, nach hinten zu stark verschmälert und einwärts ohne scharfe Begrenzung braun gesäumt; zwischen M_1 und dem Analrande ist der Hinterrand ziemlich weit in die Fläche ragend spärlich braun beschuppt; an den Mündungen der Adern SC, OR, UR, M_3, M_2, M_1 und SM befindet sich ein schwarzer Fleck und noch ein solcher Fleck liegt mitten zwischen M_1 und SM am Flügelrande; Fransen weiss, nur an den Adermündungen etwas gebräunt.

Flügelunterseite fast einfarbig rein weiss, nur der Vorderrand der Vorderflügel sehr schmal ochergelb gesäumt und der Aussenrand von der Spitze bis zu M_3 mit vorn breiterem, nach hinten verschmälertem, sehr zart braun behauchtem Saume; im Vorderflügel sind die Mündungen der Adern SC_5, OR, UR, M_3, M_2, M_1 und SM, im Hinterflügel die Mündungen der Adern SC, OR, UR, M_3, M_2, M_1 und SM mit je einem schwarzen Fleckchen bezeichnet, im Vorderflügel die Mündungsgegend des Aderastes SC_4 schwärzlich beschuppt und im Hinterflügel der Rand zwischen den Mündungen von M_1 und SM mit einem schwarzen Fleckchen geziert; Fransen weiss.

Leib obenauf vorwiegend himmelblau, nur der Thorax am Vorderrande braun, der Kopf weisslich bekleidet; Fühler schwarzbraun; Leib unten weiss bekleidet, an den Vorder- und Mittelbeinen die Schienen und Tarsen, an den Hinterbeinen die Tarsen ochergelb.

Körperlänge 16,5, Vorderflügellänge 23, Spannweite (zwischen je den Mündungen von M_1 gemessen, woselbst das Thier am breitesten ist) 42,5 mill.

Ein fast tadelloses Weibchen aus Togo, Landschaft Agome, Station Misahöhe, vom Gemmigipfel, 817 m., im März 1894 durch Herrn Ernst Baumann erbeutet. Mit *Epitola elion* Westw. und *E. urania* W. Kirby, den einzigen echten *Epitola*-Arten, dürfte vorstehende nebst den zahlreichen anderen als *Epitola* beschriebenen Lipteninen kaum generisch vereinigt bleiben können; vielleicht ist sie eine *Iris* Staud.; diese Gattung wurde jedoch ganz ungenügend charakterisiert und ausserdem ist ihr Name schon lange bei Orthopteren (Mantodeen) vergeben.

Pentila [1]) *yaunda* nov. spec.

Flügeloberseite sahnefarbig, die Wurzel in geringer Ausdehnung ochergelb. Im Vorderflügel die Spitze bis M_2 breit dunkelbraun, am Aussenrande je ein grosser, nach der Fläche hin auslaufender brauner Fleck auf den Mündungen von M_3, M_1 und SM und auf der Scheibe einige rundliche isolierte braune Punktflecke, von denen drei am Vorderrande, drei in der Zelle, einer am Zellende, einer wurzelwärts zwischen M_2 und M_1 und einer hinter der Wurzel von M_1 zwischen M_1 und SM liegend. Im Hinterflügel stehen am Aussenrande sieben grosse braune Flecke, je einer auf den Mündungen der Adern SC, OR, UR, M_3, M_2, M_1 und SM, ferner einwärts von diesen findet sich die Andeutung einer inneren Saumreihe dunkler Flecke; auf der Scheibe stehen noch fünf isolierte rundliche braune Flecke, einer vor SC diesseits der Abzweigung von ODC, einer hinter diesem in der Zelle, einer am Zellende, einer wurzelwärts zwischen M_2 und M_1 gleich hinter dem Ursprunge von M_2 und einer gleich hinter dem Ursprung von M_1 zwischen M_1 und SM.

Flügelunterseite blass sahnefarbig, die Wurzel selbst ochergelb, der Vorderflügel am Vorderrande mit mehreren kleinen dunkelbraunen Tüpfelchen, der Aussenrand mit zwei Reihen brauner Flecke, äusseren Flecken auf den Adermündungen und inneren Zwischenaderflecken, sowie noch einigen rundlichen braunen Scheibenflecken ganz wie oberseits. Hinterflügel mit zwei Saumreihen brauner Flecke, äusseren Flecken auf den Adermündungen und inneren Zwischenaderflecken, sowie mit fünf wie oberseits vertheilten braunen Scheibenflecken.

Fransen sahnefarbig, nur an den braunen Randflecken braun.

Fühler schwarz, weiss geringelt; Kopf, Brust und Beine ochergelb bekleidet; Hinterleib mit gelblicher Bekleidung.

Körperlänge ziemlich 14, Vorderflügellänge 21, Spannweite 38,5 mill.

Ein ♂ aus dem Hinterlande von Kamerun, von der Yaúnde-Station, durch Herrn G. Zenker.

Sehr ähnlich der *Pentila hewitsoni* (Gr. Sm.-W. Kirby), mit der sie in der Zeichnung der Oberseite ziemlich übereinstimmt; die Flügelunterseite weist jedoch statt der drei Saumreihen brauner Flecke bei *P. hewitsoni* bei *yaunda* deren nur zwei auf.

[1]) *Tingra* Bsd. = *Pentila* Westw. nach Aurivillius, Ent. Tidskr., XVI, 1895, p. 196, obs!

Pentila auga nov. spec.

Flügeloberseite sahnefarbig, der Vorderflügel ganz wurzelwärts ochergelb. Im Vorderflügel die Spitze vom Vorderrande bis M_2 breit dunkelbraun, mit ausgerandetem Innenrande, sowie an den Mündungen der Adern M_2 und M_1 je
mit einem langen braunen Strahlenfleck und noch einem
braunen Fleckchen an der Mündung von SM; auf der Scheibe
stehen drei braune Flecke in der Zelle und einer am Zellende, ferner drei am Vorderrande, von denen der der Spitze
zunächst befindliche unmittelbar vor dem braunen Fleck am
Zellende liegt, und noch einem braunen Fleck wurzelwärts
zwischen M_2 und M_1 unmittelbar hinter dem Ursprunge von
M_2. Im Hinterflügel befindet sich an der Mündung der
Adern SC, OR, UR, M_3, M_2, M_1 und SM je ein breiter, ziemlich
dreieckiger und mit der Spitze nach innen gestellter, brauner
Strahlenfleck und noch drei rundliche braune Flecke, einer
vor SC noch diesseits des Ursprungs von OR, einer am Zellende und einer zwischen M_2 und M_1 unmittelbar hinter der
Wurzel von M_2.

Flügelunterseite fast wie die Oberseite, nur ist der braune
Spitzenfleck im Vorderflügel in selbständige, auf den Mündungen der Adern M_2, UR, OR und SC_2 liegende, breite
braune Strahlenflecke aufgelöst.

Fransen weiss, an den braunen Saumflecken braun.

Fühler braun, weiss geringelt; Kopf, Brust und Beine
braun bekleidet; Hinterleib unten weisslich.

Körperlänge 12, Vorderflügellänge 17,5, Spannweite
34 mill.

Ein ♂ aus dem Hinterlande von Kamerun, von der
Yaúnde-Station, durch Herrn G. Zenker.

Synonymische Bemerkung: *Tingra nunu* Karsch, Berl. Ent.
Zeitschr. XXXVIII, 1893, p. 215, tab. 5, fig. 10 = *Pentila phidia* How.,
Ann. Mag. Nat. Hist. (4) XIII, 1874, p. 383, *Tingra phidia* Gr. Smith
and W. Kirby, Rhop. Ex. pt. 24, April 1894, p. 93, Afr. Lycaen. tab. 21,
fig. 5.

Lycaenesthes zenkeri nov. spec.

Flügel oberseits dunkelbraun; im Vorderflügel ein grosser,
in die Zellenspitze hinein reichender und den Hinterrand tan-
gierender rundlicher Tropfenfleck, im Hinterflügel ein kleinerer,
mehr gestreckter Mittelfleck ochergelb. Der Aussenrand
beider Flügel schwarz, die Fransen braungrau; im Hinterflügel ziemlich parallel dem Aussenrande verlaufen zwei
durch die Adern unterbrochene feine lichte Saumlinien, deren

äussere weiss, deren innere schmutzig weiss und mehr ver-
loschen ist; diese Saumlinien schliessen in den Feldern
zwischen den Adern je einen zwischen SM und M_1, M_1 und
M_2 grösseren schwarzen Fleck ein; die Pinsel an den Mün-
düngen von SM, M_1 und M_2 schwarzbraun, an ihrer Spitze
weiss.

Flügelunterseite schwarzbraun mit weissen Linien und
Flecken; im Vorderflügel ist die Wurzel des Vorderrandes
silberweiss beschuppt und sind ein dem Vorderrande paralleler Streifenfleck nahe der Wurzel, ein grosser rundlicher,
in die Zelle reichender Tropfenfleck auf der Mitte, ein mehr
auswärts gelegener, vom Vorderrande bis zu M_2 und hier
spitzig auslaufender Querfleck, ferner zwei an den Adern
unterbrochene, dem Aussenrande parallele Saumlinien weiss;
der Aussenrand selbst ist schwarzbraun mit graubraunen
Fransen; im Hinterflügel ist ein breiter Längswisch am
Vorderrande auf der Mitte, eine Fortsetzung des Mittelflecks
im Vorderflügel bildend, sind ferner zwei längliche grosse,
von UR zum Analrande ziehende Querflecke, deren äusserer
am Analrande am schmälsten ist und hier spitz ausläuft,
deren innerer am Analrande am breitesten ist, reinweiss;
saumwärts verläuft eine bläulichweisse äusserste Randlinie
und einwärts von dieser zunächst eine schwarze, alsdann
eine weisse Saumlinie dem Rande parallel; sie begrenzen
nach aussen hin in dem Felde zwischen M_2 und M_3 einen
mit blauen metallischen Schuppen geschmückten, einwärts
durch einen gelb beschuppten Halbbogen abgeschlossenen
schwarzen Fleck, sowie zwei ebensolche jederseits von SM
(zwischen SM und M_1, SM und dem Analrande), während
zwischen M_2 und UR dem Aussenrande parallel noch eine
aus Zwischenaderbogen gebildete weisse Saumlinie sich befindet. Fransen beider Flügel graubraun; die Pinsel an den
Mündungen von SM, M_1 und M_2 des Hinterflügels schwarzbraun, nur ihre Spitze weiss.

Leib obenauf braun, unten grau behaart; Fühler braun,
unten schwarz, weiss geringelt; Beine braun, weiss gefleckt.

Körperlänge 10, Vorderflügellänge 13, Spannweite
25 mill.

Nach einem einzigen männlichen Exemplare von der
Yaúnde-Station im Hinterlande von Kamerun durch Herrn
G. Zenker.

Diese schöne *Lycaenesthes*-Art ist sehr ähnlich der von
Staudinger als *Lycaenesthes (Pseudodipsas) dewitzi* beschriebenen und (Iris, IV, 1891, p. 155, tab. 1, fig. 10) ab-

gebildeten Art von Sierra Leone, welche nach Aurivillius (Ent. Tidskr. XVI, 1895, p. 219) die echte *juba* F. (nec Butl.) ist; jedoch sind die weissen Flecke der Flügelunterseite ganz abweichend getheilt, der grosse mittlere Tropfenfleck der Vorderflügel schön gerundet und auswärts nicht von der hier an M_2 abbrechenden weissen Querbinde begleitet und der grosse weisse Mittelfleck der Hinterflügel der Quere des Flügels nach in zwei fast gleich grosse, breit getrennte Theile zerlegt.

Lycaenesthes lukokescha nov. spec.

Flügeloberseite bronzebraun mit Seidenglanz; im Vorderflügel auf der Mitte ein ausgedehnter, länglich runder, von der Falte zwischen M_1 und SM bis zu M_3 reichender gelber Längsfleck, im Hinterflügel ein schmälerer, dem Aussenrande paralleler, von der Falte zwischen M_1 und SM bis zu M_3 reichender gelber Fleck, eine feine weisse Aussenrandlinie und einwärts von dieser eine Bogenreihe von der Flügelspitze nach dem Analwinkel an Grösse zunehmender, nach innen zu durch einen lichten Bogen abgegrenzter rundlicher schwarzer Zwischenaderflecke; der lichte Innenbogen dieser Flecke ist in den Feldern zwischen M_1 und M_2, M_2 und M_3 gelb, in den übrigen Feldern weiss.

Flügelunterseite weiss, etwas perlmutterglänzend mit bronzebraunen, seidenglänzenden Flecken und Binden; im Vorderflügel sind der Vorderrand und der Aussenrand schmal braun, nahe dem Aussenrande liegen zwei bogige durchlaufende braune Querlinien; einwärts von der inneren derselben liegt ein breiterer Bogenfleck zwischen dem Vorderrande und M_3 und einwärts von diesem zieht eine schmälere bindenartige Linie vom Vorderrande zu M_1, woselbst sie sich mit der inneren der beiden durchlaufenden Saumlinien verbindet; wurzelwärts steht noch ein an SM breiter, quer durch die Zelle ziehender und an deren Vorderrande spitzer Querfleck und auswärts von diesem liegen drei braune Fleckchen in einer Querreihe, einer zwischen SM und M_1 an SM, einer am Zellende und ein punktförmiger zwischen SC_1 und SC_2. Hinterflügel wurzelwärts mit zwei Querstreifen, einem inneren, am Analrande stumpfen, an C spitzen und einem äusseren, an C stumpfen, am Analrande spitzen; auswärts davon steht ein brauner Strich am Zellende und auswärts von diesem liegen fünf zu einer unregelmässigen Bogenreihe gruppierte braune Fleckchen; näher dem Aussenrande zieht eine feine braune Bogenlinie diesem parallel und zwischen dieser und der feinen braunen Randlinie selbst liegen kleine braune Zwischenaderfleckchen, in dem Felde zwischen M_1 und M_2 ein grosser schwarzer, metallisch blau beschuppter und zum Theile gelb umringter, im Felde zwischen M_1 und dem Analrande, beiderseits von SM, ein kleinerer schwarzer blau beschuppter Fleck.

Leib dunkelbraun, unten weiss behaart; Fühler schwarz, weiss geringelt.

Tasterendglied sehr lang.

Vorderflügellänge 10, Spannweite 20 mill.

Nach einem sehr mangelhaften Exemplare von Mukenge durch Herrn Dr. Paul Pogge.

Die *Cupido-* und die *Polyommatus*-Gruppe.

In den Insecten der Berglandschaft Adeli, I (Berl. Ent. Zeitschr., XXXVIII, 1893), habe ich mich (p. 220) einer falschen Bestimmung und zugleich einer leichtfertigen Synonymie schuldig gemacht, indem daselbst unter Nummer 131 (26) *Cupido negus* (Felder) die Aeusserung Platz fand: „Obwohl in Felder's citierter Abbildung die Fransenquaste der Hinterflügel nicht gezeichnet ist, so zweifle ich doch nicht an der Richtigkeit der Bestimmung". Hätte ich schon damals de Nicéville' Arbeit über die indischen Lycaeniden berücksichtigt, so würde ich diese Vermuthung wahrscheinlich unterdrückt und die Art als *Cupido patricia* Trimen bezeichnet haben. Aber auch in diesem Falle würde nach aller Wahrscheinlichkeit eine unrichtige Bestimmung vorliegen; denn jetzt, nachdem im Museum für Naturkunde ein ungemein reiches Material an Lycaeniden-Arten und -Exemplaren, durch den jugendlichen Forschungsreisenden Herrn Ernst Baumann auf der Station Misahöhe im Togogebiete mit vielem Interesse an dem subtilen Gegenstande zusammengebracht, zur Durcharbeitung vorliegt, bin ich zu der Ueberzeugung gekommen, dass es sich bei den drei von mir als *Cupido negus* aufgeführten Exemplaren von Bismarckburg um eine noch unbeschriebene Art handelt und dass *Lycaena negus* Felder und *Lycaena patricia* Trimen nicht identisch, sondern durchaus selbständige Arten sind, welche nach de Nicéville's System sogar verschiedenen Gattungen zugewiesen werden müssen.

Da es um vieles schwieriger ist, ein Chaos zu entwirren, als klar und scharf geschiedenes, wenn es unnatürlich zerrissen wurde, wieder zu verschmelzen, so kann ich in dem Vorgehen de Nicéville's zunächst keinen unwissenschaftlichen Rückschritt, wohl aber einen eminent praktischen Fortschritt erkennen und versuche es daher hier, sein System, soweit es die schwierigen Gruppen der Gattungen *Lycaena (Cupido)* und *Polyommatus* nebst deren Verwandte (Gattungen 103—113, 116—124 der Tabelle der Lycaenidengenera p 14—15, p. 16) betrifft, auf die aethiopischen Formen, soweit ich diese selbst prüfen konnte, anzuwenden.

I. Die *Cupido-* *(Lycaena-)*Gruppe (Hinterflügel ohne Fransenquaste):

1 (12) SC im Vorderflügel vierästig.
2 (9) SC_1 ohne Anastomose mit C, wenngleich oft sehr nahe an C verlaufend.
3 (6) SC_1 im ganzen Verlaufe von C breit getrennt bleibend.
4 (5) Grundfarbe nicht reinweiss: *Cupido* Schrank (*Lycaena* F.) [1])
5 (4) Grundfarbe reinweiss: *Athysanota* nov. gen.[2])
6 (3) SC_1 zu C aufgebogen, eine Strecke an C sehr nahe oder fast verbunden verlaufend, ohne zu anastomosieren.
7 (8) M_2 im Hinterflügel unmittelbar vor dem unteren Winkel des Zellendes abgezweigt: *Chilades* Moore[3])
8 (7) M_2 im Hinterflügel am unteren Winkel des Zellendes selbst abgezweigt: *Zizera* Moore[4])
9 (2) SC_1 des Vorderflügels in Anastomose mit C.
10 (11) Costalrand des Hinterflügels gerundet: *Azanus* Moore[5])
11 (10) Costalrand des Hinterflügels schwach ausgerandet; M_1 im Vorderflügel wurzelwärts gebogen: *Orthomiella* Nicev.[6])

---

[1]) Zu *Cupido* gehören: *medon* Hufn., *asopus* Hopff. (=? *malathana* Bsd.), *ortygia* Trimen, *methymna* Trimen, *puncticilia* Trimen, *peculiaris* Rogenh. (nach Ansicht der Type, als *Chrysophanus* beschrieben), *negus* Felder (nec *negus* Karsch 1893) u. and.

[2]) Eine sichere *Athysanota* ist nur *ornata* Mab.; nach Aurivillius gehört auch *elorea* F. (nec Staud.) hierher und ist vielleicht mit *ornata* Mab. identisch (Ent. Tidskr. XVI, 1895, p. 219).

[3]) *Chilades* sind: *trochilus* Freyer, *messapus* Godt., *lucida* Trimen.

[4]) *Zizera* sind: *lysimon* Hb., *gaika* Trimen, *perparva* Saalm.

[5]) *Azanus* sind: *ubaldus* Cramer, *gamra* Led., *jesous* Guér.

[6]) Eine *Orthomiella* ist u. a. *sichela* Wall.

12 (1) SC des Vorderflügels nur dreiästig:

$\qquad\qquad$ *Neolycaena* Nicev.[1])

II. Die *Polyommatus*-Gruppe (Hinterflügel mit Fransenquaste an M_1):

1 (2) SC des Vorderflügels nur dreiästig:

$\qquad\qquad$ *Cupidopsis* nov. gen.[2])

2 (1) SC des Vorderflügels vierästig.

3 (4) SC_1 in Anastomose mit C: $\qquad$ *Lampides* Hb.[3])

4 (3) SC_1 ohne Anastomose mit C.

5 (14) SC_1 an C anstossend oder stark zu C aufgebogen.

6 (7) Flügel von Grundfärbung rein weiss:

$\qquad\qquad$ *Thermoniphas* nov. gen.[4])

7 (6) Flügel von Grundfärbung nicht reinweiss.

8 (9) Flügelunterseite mit weissgerandeten dunklen Kettenflecken: $\qquad$ *Catochrysops* Bsd.[5])

9 (8) Flügelunterseite ohne weiss gerandete dunkle Kettenflecke.

10 (11) Hinterflügelunterseite mit verworrenen Zeichnungen:

$\qquad\qquad$ *Hyreus* Hb.[6])

11 (10) Hinterflügelunterseite ohne verworrene Zeichnungen.

12 (13) Flügelunterseite wurzelwärts mit dunklen Längsstrahlen: $\qquad$ *Tarucus* Moore[7])

---

[1]) Eine *Neolycaena* ist *cissus* Godt.

[2]) Type der Gattung *Cupidopsis* ist die auffallende *jobates* Hopff.

[3]) Zu *Lampides* gehören: *isis* Drury, *falkensteinii* Dew. (*juba* Butl. nec F.), *poggei* Dew., *heritsia* Hew., *sybaris* Hopff., *thespis* L., *antinorii* Oberth., *cordatus* E. M. Sharpe, *pelotus* Karsch u. and.; neben *Lampides* steht *Phlyaria* n. g. mit *cyara* Hew. und *stactalla* Karsch.

[4]) Type der Gattung *Thermoniphas* ist eine neue centralafrikanische, der *Oboronia punctata* (Dew.) ähnliche Lycaenide mit mehreren dunklen Saumlinien am Aussenrande der Vorderflügeloberseite und reicherer Zeichnung der Hinterflügelunterseite, als solche bei den wenigen bis jetzt bekannt gewordenen ähnlichen Arten von *Oboronia* und *Athysanota* Regel ist.

[5]) *Catochrysops* sind: *osiris* Hopff., *tiressa* n. nom. (*asteris* Snellen nec Godt.), *sanguinella* Mab.

[6]) Zu *Hyreus* gehören u. and. *lingeus* Cramer, *palemon* Cramer.

[7]) *Tarucus* sind: *telicanus* Lang, *plinius* F., *theophrastus* F., vielleicht auch *hippocrates* F. und *micylus* Cramer.

13 (12) Flügelunterseite anders gezeichnet: *Castalius* Hb.[1]
14 (5) SC$_1$ von C breit getrennt bleibend.
15 (16) Flügel von Grundfärbung rein weiss:
Oboronia Karsch [2]
16 (15) Flügelfärbung nicht rein weiss:
Polyommatus Latr. [3]

Cupido negus (Felder).

Lycaena negus Felder, Novara Lep. II, 1865, p. 351, tab. 36,
fig. 1, 2 (♀) (nec *Cupido negus* Karsch, Berl. Ent. Zeitschr. XXXVIII,
1893, p. 226).

Hinterflügel ohne Fransenquaste; unterseits ist der im
Felde zwischen M$_1$ und SM saumwärts an SM liegende
rundliche schwarze Fleck ziemlich gross, mit metallisch
grünen Schuppen geschmückt und einwärts von einem
ziemlich gleich grossen gelbrothen Fleck begrenzt; oberseits dagegen fehlt saumwärts in dem entsprechenden Felde
das Gelbroth vollständig.

Von der Station Misahöhe im Togogebiete erhielt das
Berliner Museum mit den Sammlungen des unermüdlich
thätigen Forschers Ernst Baumann nunmehr eine
„Lycaena" ohne Fransenquaste der Hinterflügel, welche die
wahre *Lycaena negus* Felder zu sein scheint; die Abbildungen Felder's stimmen wenigstens (abgesehen von dem
mangelnden schwarzen Tropfenfleck wurzelwärts am Analrande der Hinterflügelunterseite) recht gut zu den vorliegenden ♀♀, wenn auch bei diesen das Weisse der Hinterflügelunterseite ausgebreiteter ist; es erübrigt nur, dass
Herr Professor Aurivillius, dem ich im Interesse der
Sache eines der drei von Herrn Baumann eingesendeten
♀♀ abgetreten habe, bei seinem beabsichtigten Besuche
des Tring-Museum durch Vergleich des Exemplares mit
der Type Felder's die Richtigkeit der Annahme prüft.

Kürzlich erhielt das Berl. Museum noch eine dem *Cupido
negus* (Felder) überaus ähnliche Art, die ich für neu halte:

---

[1] *Castalius* sind: *hintza* Trimen, *calice* Hopff., *melaena*
Trimen, *carana* Hew., *kontu* Karsch u. and.

[2] Zu *Oboronia* gehören: *punctata* Dew. (*elorea* Staud. nec F.),
güssfeldtii Dew. (*elorina* Staud.) und eine neue Art von
Usambara — die erste von Ostafrika.

[3] *Polyommatus* sind: *boeticus* L., *parsimon* F., *patricia*
Trimen, *quassi* Karsch, *asteris* Godt., *reichenowii* Dew.
u. and.

Cupido victoriae nov. spec.

♀: Oberseite der Flügel auf der Wurzelhälfte bis über die Zelle hinaus hellblau, auf dem Hinterflügel mitten zwischen dem Zellende und dem, nach aussen offene weisse Winkelflecke zwischen je zwei Adern einschliessenden, breiten, braunen Aussenrandsaume mit einer dem Aussenrande parallelen Bogenreihe von vier rundlichen scharf begrenzten, isolierten braunen Flecken, je einem zwischen OR und UR, UR und M_3, M_3 und M_2, M_2 und M_1. Unterseits trägt die Zeichnung ganz den Charakter der Zeichnung bei *negus* Felder. jedoch ist im Vorderflügel die Querreihe runder brauner Flecke jenseits der Zelle mehr gerade, sodass der Fleck zwischen M_1 und M_2 nicht so weit nach einwärts gerückt steht, und es sind die beiden dunklen Saumlinien nächst dem Aussenrande der Vorderflügel erheblich schmäler, endlich steht an Stelle des grösseren schwarzen Fleckes bei *negus* saumwärts an SM zwischen SM und M_1 im Hinterflügel ein winziges, fast ganz von metallisch blauen Schuppen verdecktes schwarzes Fleckchen, welches einwärts von einem, die ganze Breite des Feldes zwischen SM und M_1 einnehmenden, gelbrothen Schrägfleck begrenzt wird.

Körperlänge 14, Vorderflügellänge 20,5, Spannweite 37,5 mill.

Das einzige, fast tadellose Exemplar (♀) stammt von K i t o t o , am Nordufer der U g o w e - B a i (Victoria See), wo es von Herrn O s k a r N e u m a n n zu Anfang April 1894 gefangen worden ist.

Lampides pelotus nov. spec.

Flügeloberseite ganz mit „*Hyreus*" *cordatus* E. M Sharpe (Proc. Zool. Soc. London 1885, p. 636, tab. 48, fig. 4) übereinstimmend.

Die Unterseite zeigt im Vorderflügel das reine Weiss der Grundfärbung des „*Hyreus*" *cordatus* fast ganz verdrängt, sodass ein graubrauner, im Wurzeltheile mehr gelbbrauner Grundton überwiegt, welcher von verwaschenen weissen Fleckchen und Querbinden durchzogen wird; die äusserste Wurzel ist schwarzgrau, spärlich weiss gefleckt, mitten durch die Zelle zieht eine vor C punktförmig beginnende, an M abbrechende, weisse Fleckenlinie und eine den Vorderrand erreichende, an M_3 abbrechende, weisse, schwärzlich berandete Fleckenbinde weiter auswärts; jenseits der Zelle zieht in

gleichem Abstande eine weisse Querbinde auf schwarzgrauem
Grunde vom Vorderrande bis M$_3$ auf den Aussenwinkel ge-
richtet und mitten zwischen dieser und dem Aussenrande
zieht eine nach innen etwas offenbogige Querbinde von SC
zu SM, woselbst sie in dem breit gelblichen Hinterrande
sich verliert, während sie am Vorderrande mit zwei kleinen
Fleckchen beginnt; noch stehen am Aussenrande zwischen
SC und SM verwaschene, dunkel gekernte, weisse Ringflecke;
Fransen braun, weisslich gescheckt. Im Hinterflügel herrscht
das Weiss als Grundfarbe vor und führt scharf begrenzte,
zu Binden vereinigte dunkle Flecke: an der äussersten
Wurzel liegen dicht gedrängt rundliche schwarze Flecke,
auswärts von diesen zusammengeflossene braune, schwarz
umringte Flecke, die Mitte durchzieht eine Bogenreihe an-
einandergeschlossener brauner, schwarz umzogener Flecke
von der Mitte des Vorderrandes bis zur Mitte des Analrandes
reichend und diese ist auf ihrer Mitte durch einen Zwischen-
fleck mit der mehr einwärts liegenden Fleckenreihe verbunden; nahe dem Aussenrande liegen zwischen OR und
M$_2$ verloschene, graubraune, dunkler umrandete, verwaschen
gelb gekernte, zusammengeschlossene Flecke; am Rande
selbst stehen in den Feldern zwischen M$_2$ und M$_1$, M$_1$ und
SM jederseits vor dem schwarzen fädigen Schwänzchen an
M$_1$ je ein rundlicher grosser, mit goldigen und blauen
metallischen Schuppen bekleideter schwarzer Fleck; von
diesen Flecken liegt der zwischen M$_1$ und SM in einem
weissen Felde. Fransen vorwiegend braun.

Leibeslänge 9, Vorderflügellänge 14, Spannweite 25,3 mill.

SC$_1$ anastomosiert wie bei *Lampides* Hb. auf
der Mitte eine Strecke mit C; E. M. Sharpe stellt
dagegen den ausserordentlich ähnlichen und wohl zweifellos
mit *pelotus* congenerischen *cordatus* E. M. Sharpe zu *Hyreus*
Hb.; bei der Type von *Hyreus* Hb., dem *H. lingeus*
(Cramer) jedoch, geht SC$_1$ mit C nirgends eine Anastomose ein, sondern beide Adern verlaufen, wenn
auch einander sehr genähert, doch überall deutlich getrennt. Zu *Lampides* gehört auch *Lycaena antinorii*
Oberth. nach einem Exemplare des Berliner Museums vom
Kilimandjaro durch den Forschungsreisenden Herrn
Ehlers.

Von *Lampides pelotus* mit der dem *cordatus* eigenthümlichen Auszeichnung der Vorderflügeloberseite besitzt
das Berliner Museum ein einzelnes männliches Exemplar
vom Kilimandjaro durch Herrn Ehlers.

Phlyaria nov. gen.

ImVorderflügel vier Subcostaläste, SC_1 eine kurze Strecke mit C anastomosierend, wurzelwärts und auswärts frei. Hinterflügel mit feinem Schwanzfaden (Frausenquaste) an der Mündung von M_1, ohne Anallappen und hinten nicht verlängert.

Flügeloberseite braun, schwach blau schillernd, der Hinterflügel auf der Mitte des Analrandes mehr oder minder tief in die Flügelfläche reichend weiss. Flügelunterseite weiss, wurzelwärts gelblich, mit tiefschwarzen Flecken am Aussen- und Vorderrande und einem dunklen Seidenfleck wurzelwärts nahe dem Hinterrande der Vorderflügel, sowie schwarzen Flecken am Aussenrande und wenigstens noch einem schwarzen Fleck am Analrande der Hinterflügel.

Type: *Lycaena cyara* Hew.

Die Gattung gehört in eine Gruppe mit den Gattungen *Jamides* Hb. und *Lampides* Hb., die bei de Nicéville (Butt. India, Burmah and Ceylon, III, 1890, p. 16, p. 186) lediglich auf Färbungsdifferenzen begründet sind.

Phlyaria stactalla nov. spec.

Flügel oberseits braun mit schwach violettem Schiller, am Aussenrande schwärzlich; im Hinterflügel der Analrand auf der Mitte bis zu M_1 in die Fläche reichend weiss gefärbt, auf der Wurzel und am Analwinkel schwärzlich, zwischen M_2 und M_1, M_1 und dem Analwinkel mit weiss beschuppter, dem Aussenrande paralleler Saumlinie und einwärts von dieser mit einer Bogenreihe metallisch blauer Schüppchen je in denselben Feldern. Fransen schwärzlich, an den Zwischenaderfalten lichter.

Flügelunterseite fast ganz wie bei *Phlyaria cyara* (Hew.) (Illustr. Exot. Butt. V, *Lycaena*, fig. 9, 10), nur finden sich im Hinterflügel noch zwei grosse rundliche schwarze Flecke am Vorderrande zwischen C und SC, einer mehr wurzelwärts mitten zwischen den Wurzeln von SC und ODC und einer mehr saumwärts nahe der Mündung von C in den Vorderrand.

Leib obenauf braun, unten gelblichweiss behaart.

Körperlänge 12, Vorderflügellänge 15,2, Spannweite 28 mill.

Nach zwei übereinstimmenden männlichen Exemplaren, welche Herr Ernst Baumann auf der Forschungsstation Misahöhe im Urwalde bei Tongbe im Togogebiete am 1. April 1894 erbeutet hat.

Phlyaria stactalla ist eine der *Lycaena cyara* Hew. überaus ähnliche, von ihr jedoch durch die geringe Ausdehnung des, bei *cyara* vom Analrande bis zu UR reichenden, Weiss der Hinterflügeloberseite und die beiden schwarzen Tropfenflecke am Vorderrande der Hinterflügelunterseite leicht und sicher zu unterscheiden. *Phlyaria cyara* scheint kaum zu variieren; die drei Stücke des Berliner Museums, eines von der Barombi-Station am Elefantensee in Kamerun durch den verstorbenen Hauptmann Zeuner, eines von der Yaúnde-Station im Kamerunhinterlande durch Herrn G. Zenker und eines aus Centralafrika bei Mukenge (6° s. Br., 22—26° ö. L. v. G.), am 5. August 1882 durch Herrn Dr. Paul Pogge erbeutet, stimmen unter einander und mit Hewitson's Abbildung völlig überein. *Phlyaria stactalla* könnte, wenn sie keine selbständige Art sein sollte, mindestens als eine beständige Localform der weder durch die Herren Kling und Büttner bei Bismarckburg, noch durch Herrn Baumann bei Misahöhe im Togogebiete aufgefundenen *cyara* Hew. gelten.

Thermoniphas nov. gen.

Hinterflügel mit Fransenquaste an M_1. SC des Vorderflügels vierästig, SC_1 sehr stark nach vorn zu C hin gebogen, ohne Anastomose. Flügelfärbung oben und unten rein weiss mit dunklen Saumlinien, sowie unterseits schwarzen Tropfenfleckchen und dunklen Linienzügen auf den Hinterflügeln.

Thermoniphas plurilimbata nov. spec.

Flügelform ähnlich der von *Oboronia güssfeldti* (Dew.)
Flügel oben reinweiss; Vorderflügel am Hinterrande braun beschuppt, am Aussenrande breit dunkelbraun gesäumt, dieser Saum am Hinterrande durch eine, M_1 nicht erreichende, weisse Längskerbe getheilt, Fransen dunkelbraun; Hinterflügel mit feiner schwarzer Aussenrandlinie und schwarzen Aderenden; die Felder zwischen den Adern führen saumwärts je ein dem Aussenrande paralleles schwarzes Fleckchen, das durch die schwarze Randlinie, die schwarzen Aderenden und endlich einwärts durch eine nach aussen offene dunkle, zwischen je den Adern befindliche, Bogenlinie, welche zusammen eine dunkle Saumlinie bilden, je in einer vollkommen geschlossenen weissen Zelle eingekernt liegt; nnr das Feld zwischen SC und OR ist an der Spitze ausgedehnt braunfleckig ohne weisse Zelle; noch verläuft mehr einwärts gerückt dem Aussenrande parallel eine Bogenbinde

unzusammenhängender, je innen offener dunkler Bogenflecke
zwischen den Adern.

Flügel unten weiss; die Aussenrandlinie der Vorderflügel braun, ihre Fransen weiss; dem Aussenrande parallel
verlaufen saumwärts in ziemlich gleichen Abständen drei
durch braune Zwischenaderbogen gebildete dunkle Saumlinien; Hinterflügel wurzelwärts mit zwei kleinen schwarzen
Tropfenflecken, einem zwischen C und dem Vorderrande der
Zelle und einem mitten in der Zelle, nebst einem grösseren
schwarzen Tropfenfleck jenseits der Mitte am Vorderrande;
alle diese schwarzen Punkte schlagen oben deutlich durch;
Aussenrandlinie braun, Fransen weiss, Fransenquaste braun;
zwischen der Aussenrandlinie und einer von aussen offenen
braunen Zwischenaderbogen gebildeten Saumlinie liegen
braune Zwischenaderfleckchen, von denen der zwischen M_1
und M_1 schwach, der zwischen M_1 und SM länger ausgezogen
ist und endlich liegt noch mehr einwärts eine Bogenreihe
brauner Zwischenaderfleckchen, von denen das zwischen M_1
und M_2 am weitesten nach innen gerückt steht; noch liegen
am Analrande zwei schwärzliche Fleckchen, ein kleines diesseits der Mitte und ein winkelig gebogenes mehr saumwärts.

Körperlänge 12, Vorderflügellänge 15—16,5, Spannweite
30—33 mill.

Nach zwei Exemplaren mit stark beschädigten Körpern
von Centralafrika, Mukenge (6° s. Br., 22—23° ö. L. v. Gr.),
durch Herrn Dr. Paul Pogge.

Oboronia bueronica nov. spec.

Flügeloberseite weiss, der Aussenrand der Vorderflügel
sehr breit schwarz gesäumt, besonders am Vorderrande, wo der
Saum bis zur Mitte reicht; der Wurzeltheil des Vorderrandes
breit aber spärlich braun beschuppt; Fransen graubraun;
Hinterflügel mit feiner schwarzer Aussenrandlinie; einwärts
von dieser zwischen SC und OR mit ziemlich tief in die
Fläche reichendem, innen abgerundetem schwärzlichem Fleck;
hinter diesem beginnt eine Saumreihe von schwarzen dem
Aussenrande parallelen Zwischenaderstrichen und zwischen
diesen sind die Aderenden schwärzlich beschuppt; durch eine
einwärts von den Zwischenaderstrichen verlaufende braune
Zackenlinie liegen jene in weissen Zellen eingeschlossen.
Fransen graubraun. Fransenquaste schwarz. Die Zeichnung
der Flügeloberseite erinnert demnach theils an *Oboronia
punctata* (Dew.), theils an die von *O. güssfeldti* (Dew.).

Flügelunterseite weiss; im Vorderflügel die Aussenrandlinie schwärzlich, einwärts von ihr eine Reihe gelblicher dem
Rande paralleler Zwischenaderstriche und noch weiter einwärts eine gelbliche Schattenlinie; Fransen am Grunde weiss,
der Rest graubraun. Hinterflügel wie oben, nur steht in
den Feldern zwischen M_3 und M_2, M_2 und M_1 saumwärts
je ein rundlicher schwarzer Fleck; der zwischen M_2 und M_1
ist grösser und hellblau beschuppt und zwischen M_1 und
SM stehen zwei kleine rundliche schwarze Flecke; endlich
verläuft mitten zwischen der gelblichen Schattenlinie und
dem Zellende noch eine in zum Aussenrande parallele
Zwischenaderflecke aufgelöste gelbliche Bogenbinde. Unten
sind demnach die Flügel mehr denen der *Oboronia punctata*
(Dew.) ähnlich gezeichnet, nur fehlt der für diese so cha-
rakteristische schwarze Tropfenfleck am Vorderrande der
Hinterflügel.

Vorderflügellänge 16, Spannweite 30 mill.

Nach einem einzelnen Exemplare ohne Vorderbeine und
Hinterleib, aber mit wohl erhaltenen Flügeln, von Usambara, Buero, 1000 m. — dem ersten Ostafrikaner.

Polyommatus quassi nov. spec.

Cupido negus Karsch, Borl. Ent. Zeitschr. XXXVIII, 1893, p. 226
(syn. excl.) (nec Lycaena negus Felder).

Die Art ist sehr ähnlich dem *Polyommatus parsimon*
(F.) Trimen, von dem das Berliner Museum nur zwei sehr
schadhafte Stücke aus Nord-Transvaal erhielt und muss
noch näher dem *Polyommatus patricia* (Trimen) stehen, für
den ich die Art früher gehalten habe.

Der Hauptunterschied von *parsimon* liegt in dem
Mangel eines schwarzen Tropfenflecks wurzelwärts im Felde
zwischen M und SM der Hinterflügelunterseite, welcher
Fleck nach Trimen auch der *patricia* fehlt; da nun *patricia* Trimen auf der Flügelunterseite mit *parsimon* sonst
übereinstimmen soll, so sind die übrigen Unterschiede des
Polyommatus quassi von *parsimon* zugleich auch die von
patricia, nämlich: die Querbinde rundlicher, weiss umringter,
dunkler Flecke jenseits des Zellendes ist bei *quassi* im
Vorderflügel gerade, im Hinterflügel S-förmig geschwungen,
bei *parsimon* in beiden Flügeln winkelig gebrochen; die
beiden runden schwarzen Flecke nächst dem Vorderrande
der Hinterflügelunterseite zwischen C und SC stehen bei
quassi viel weiter (4 mill) auseinandergerückt als bei *par-*

2

simon (3 mill.; so auch bei *Cupido negus* Felder); bei *quassi*
fehlt saumwärts zwischen SM und M_1 jede Spur des roth-
gelben Flecks, welcher bei *parsimon* den dem Aussenrande
parallelen dunklen Zwischenaderfleck des genannten Feldes
einwärts begrenzt; für *patricia* Trimen ist dieser gelbrothe
Fleck zwar nicht ausdrücklich beschrieben, für die Richtigkeit der Annahme aber, dass er auch dort vorhanden sei,
sprechen zwei Gründe: der Umstand, dass er ihr nicht ab-
gesprochen, die Art aber mit *parsimon*, welcher diesen Fleck
besitzt, verglichen wird und die Thatsache, dass Trimen
nicht abgeneigt war, seine *patricia* mit *negus* Felder zu
identificiren, in dessen Abbildung dieser Fleck aber eben-
falls deutlich angegeben ist.

Beim ♀ von *quassi* zeigt die Oberseite der Hinterflügel jenseits des Zellendes eine dem Aussenrande parallele
Bogenreihe fast quadratischer, an einander angeschlossener
dunkler Flecke zwischen OR und M in weisslich aufge-
helltem Felde.

Von *Polyommatus quassi* besitzt das Berliner Museum
Exemplare ausschliesslich aus dem Togogebiete, von
Bismarckburg durch Herrn Dr. R. Büttner und von
Misahöhe durch Herrn Ernst Baumann.

Epamera [1]) *diametra* nov. spec.

♂: Flügeloberseite hellblau glänzend; im Vorderflügel
die Spitze ausgedehnt, nebst dem Vorder- und Aussenrande
breit braun; Hinterflügel hellblau schillernd, der Vorderrand breit braun und auf der Wurzelhälfte mit hinten gerundetem bleigrauem Fleck, sowie einem in die Zelle hin-
einragenden, von einer rundlichen Erweiterung des Vorder-
flügelhinterrandes diesseits der Mitte nach hinten über-
deckten matten Filzfleck; der Aussenrand mit feiner brauner
Saumlinie und einwärts von dieser zwischen M_2 und SM
mit einer inneren Saumlinie weisser Schuppen, an welche
innen zwei rundliche, schwarz beschuppte Flecke anstossen;
die drei fädigen Schwänzchen an den Mündungen von M_2,
M_1 und SM schwarz, der Analrand breit weiss. Fransen
im Vorderflügel nach der Spitze zu braun, nach dem Hinterwinkel hin weiss, im Hinterflügel weisslich.

Flügelunterseite rein weiss, im Vorderflügel mit drei
sehr breiten gelben, aussen und innen schwarzbraun gesäumten Querlinien, der Aussenrand schmal gelb gesäumt

---

[1]) *Epamera* Druce, Ann. Mag. Nat. Hist. (6) VIII, 1891,
p. 139; p. 141. Type: *Iolaus sidus* Trimen.

und zwischen der äussersten der drei Querbinden und dem
Aussenrandsaume mit einer Querreihe von sieben schwarzen
Punktflecken, je einem in der Mitte des Feldes zwischen
SC_4 und OR, OR und UR, UR und M_3, M_3 und M_2, M_2 und
M_1 und noch zwei Punktfleckchen zwischen M_1 und SM;
von den drei Querbinden bricht die am meisten wurzelwärts verlaufende an M breit ab und grenzt hier an einen
silberglänzenden Fleck zwischen M und SM; die mittlere
Querbinde reicht bis zur Wurzel von M_1 und bricht hier,
das Feld zwischen M_1 und M_2 wurzelwärts ausfüllend und
nach aussen hin stiefelförmig vortretend, breit ab; die
äusserste Querbinde ist auf den hinteren Aussenwinkel ge-
richtet und bricht an M_1 breit ab, zeigt aber noch hinter
M_1 zwischen M_1 und SM ein abgetrenntes schwarz geringtes
gelbes Fleckchen einwärts von dem vorderen der beiden
schwarzen Punktflecke der Saumreihe zwischen M_1 und SM.
Hinterflügelunterseite mit einer etwas bogigen breiten, fein
schwarz gesäumten, gelben Binde längs dem Analrande
zwischen IA und SM, welche mitten zwischen SM und M_1
saumwärts mit zwei ebensolchen, am Vorderrande breit
getrennten, auf M_1 saumwärts mit einander verschmolzenen,
die Richtung der Wurzel- und Mittelquerbinde der Vorderflügel fortsetzenden, schwarz gesäumten gelben Querbinden
sich vereinigt; die äusserste dieser drei Binden verläuft
gerade, die mittlere bis zur Mitte der äussersten parallel,
alsdann nach aussen offen gebogen; der Aussenrand ist von
der Spitze bis M_2 gelb gesäumt und zwischen diesem Saume
und der äussersten Binde liegt eine Saumreihe von 7
schwarzen Flecken: einem sehr kleinen nächst dem Vorderrande, einem grossen zwischen SC und OR und je einem
kleineren zwischen OR und UR, UR und M_3, endlich je
einem mehr halbbogenartigen zwischen M_3 und M_2, M_2 und
M_1, M_1 und SM; an diese schliesst sich eine parallel und
nahe dem Analrande verlaufende schwarze Linie im Felde
zwischen SM und IA; noch liegen in Fortsetzung des
gelben, einwärts nicht scharf begrenzten Randsaumes zwischen SC und M_2 schwarze, blaubeschuppte Flecke, je einer
saumwärts zwischen M_2 und M_1, M_1 und SM; der Aussenrand selbst führt zwischen M_2 und IA eine schmale schwarze
Saumlinie und drei feine schwarze Schwanzfäden an den
Mündungen von M_2, M_1 und SM (von denen aber bei dem
einzigen Exemplare nur die Wurzel erhalten blieb).

Stirn gelb behaart; Fühler schwarz, weiss geringelt;
Taster oben schwarz, unten weiss, das Endglied einfarbig

2*

schwarz; Leib oben bläulich weiss, unten weiss behaart;
Beine weiss behaart.

Beim ♂ tritt der Vorderflügelhinterrand diesseits der
Mitte lappig gerundet vor und zeigt auf der Unterseite
einen von der Falte zwischen M und SM ausgehenden,
nach hinten gerichteten und bis zum Hinterrande reichenden breiten Kamm von braunen Borstenhaaren, in dessen
Umgebung die Schuppen dunkler bleigrau sind und stärker
glänzen; dieser liegt hinter und mitten zwischen der gelben
Wurzel- und der Mittelquerbinde.

Körperlänge 11, Vorderflügellänge 16, Spannweite 30 mill.

Nach einem einzelnen ♂ von Nord-Usambara, aus
der Umgegend von Mlalo, durch den verstorbenen Bota-
niker Herrn Holst.

Mir ist nur eine Art bekannt, welche mit der vor-
stehend beschriebenen etwa verwechselt werden könnte,
nämlich der mir in natura noch nicht vorgekommene, seltene
Jolaus aphnaeoides Trimen (Transact. Ent. Soc. London
1873, p. 110; Hewitson, Ill. Diurn. Lep., Lycaen.,
Suppl. tab. 4a, fig. 50, ♀); allein bei dieser Art bleibt
nach den übereinstimmenden Angaben von Trimen und
Hewitson die breite gelbe Mittelbinde der Hinterflügelunterseite von den beiden anderen Binden in ihrem ganzen
Verlaufe getrennt.

Syrmoptera nov. gen.

Hinterflügel mit drei feinen wenig ungleichen Schwanzfäden, von denen der innerste an SM der längste, der äusserste
an M, der kürzeste ist. Subcostalader im Vorderflügel nur
dreiästig (nach de Nicéville's Bezeichnungsweise zweiästig);
alle Subcostaladeräste von einander und von der Costalader
breit getrennt verlaufend.

Am nächsten verwandt der Gattung *Rathinda* Moore,
bei welcher aber der innerste Schwanzfaden des Hinterflügels der kürzeste ist und der Gattung *Stugeta* Druce,
bei welcher jedoch der Hinterflügel nur zwei Schwanzfäden
aufweist.

Type: *Syrmoptera melanomitra* nov. spec.

Syrmoptera melanomitra nov. spec.

♀: Flügeloberseite braun; im Vorderflügel die Wurzelhälfte bis fast zur Mitte des Vorderrandes und fast zum
hinteren Aussenwinkel lila bestäubt, sodass nur der Vorderrand sehr schmal, die Spitzenhälfte und der Aussenrand

breit für die Grundfarbe frei bleiben; im Hinterflügel
herrscht die lilafarbene Bestäubung vor und nur der
Vorderrand, die Spitze bis etwas über OR hinaus, der Analrand und der Aussenrand sind schmal braun; zwischen
OR und dem Analrande zieht eine aus Zwischenaderbogen
gebildete weisse Linie dem Aussenrande parallel; die
Schwanzfäden sind schwarz, weiss beraudet, die Fransen weiss.

Flügelunterseite weiss; schwarz sind: im Vorderflügel
ein schmaler Aussenrandsaum, eine Querlinie unmittelbar
jenseits der Mitte vom Vorderrande bis fast zu SM reichend,
mit dem schwarzen Aussenrandsaume nach hinten conver-
gierend und längs dem Vorderrande mit ihm durch einen
schmalen Saum verbunden, endlich eine innere, hinten stark
abgekürzte, auf den hinteren Aussenwinkel gerichtete, etwas
nach aussen offen gebogene und an M_1 gleich jenseits des
Ursprungs von M_1 abbrechende Querlinie, welche am Vorderrande mitten zwischen der Wurzel und der äusseren Querlinie beginnt; im Hinterflügel verlaufen in der vorderen
Hälfte zwei den beiden Querlinien der Vorderflügel entsprechende, nach hinten etwas convergierende schwarze
Querlinien, die innere von C zu M mitten zwischen den
Wurzeln von M_1 und M_3 mündend, die äussere von C zu
M_3 und dem Aussenrande ziemlich parallel verlaufend; der
nach hinten ausgezogene Theil der Hinterflügel ist von der
Mitte des Analrandes bis zur Mündung von M_3 prächtig
gelb behaucht ohne scharfe Abgrenzung in der Flügelfläche
und es liegt in diesem gelbgefärbten Theile, von der Mitte
des Analrandes bis zur Mitte zwischen SM und M_1 ziehend,
eine Bogenbinde gedrängter metallisch grüner Schuppen,
welche am Vorder- und Hinterrande von einzelnen schwarzen
Schuppen eingeschlossen und vorn noch von einer schwarzen
Linie begleitet wird; der Aussenrand ist zwischen OR und
dem Analwinkel von einer schwarzen Linie gesäumt, auf
welche einwärts, durch eine nach vorn zum Vorderrande fortgesetzte gelbe Linie unterbrochen, eine zweite
(innere) schwarze Saumlinie folgt; an diese grenzt in den
Feldern zwischen M_3 und M_1, M_1 und SM, SM und dem
Analrande je ein Bogenfleck metallisch grüner Schuppen,
an welche einwärts je ein schwarzer Fleck stösst und von
diesem getrennt liegt einwärts zwischen M_2 und M_1, M_1 und
SM je noch ein rundlicher Fleck metallisch grüner Schuppen.

Leib oben braun, unten weiss bekleidet; Stirn schwarz,
jederseits weiss gerandet; Fühler schwarz mit weit ge-
trennter weisser Ringelung, das Enddrittel der Kolbe gelb-

braun; Taster weisslich behaart, schwarz gestreift; Beine
weiss, schwarz geringelt.

Körperlänge 12, Vorderflügellänge 17,5, Spannweite
28,5 mill.

Nach einem einzelnen tadellosen ♀ von der Yaúnde-
Station im Kamerun - Hinterlande durch Herrn G. Zenker.
Syrmoptera melanomitra ist nicht unähnlich der
Myrina amasa Hew. (Hewitson, Ill. Diurn. Lep. Lycaen.,
Suppl., tab. 6, fig. 89, 90, ♀), doch fehlen dieser Art die
schwarzen Querlinien der Hinterflügelunterseite ganz.

Dapidodigma nov. gen.

Vorderflügel beim ♀ mit vier Subcostaladerästen; SC_1
breit getrennt von C verlaufend. Hinterflügel besonders
zwischen M_2 und M_1 ausgezogen, mit drei wenig ungleichen,
mässig langen, fädigen Schwänzchen, je einem an SM, M_1
und M_2, mit an der Mündung von M_3 winkeligem Aussenrande und fast im rechten Winkel zugerundeter Spitze.
Taster lang. Fühler mässig lang, kaum halb so lang wie
der Vorderflügelvorderrand, nach dem freien Ende hin ge-
mach verdickt, ohne deutlich abgesetzte Kolbe.

Die Gattung gehört in die *Horaga*-Gruppe bei Mar-
shall and de Nicéville (Butt. India, Burmah and Ceylon,
III, 1890, p. 19); da mir jedoch zur Zeit das ♂ noch unbe-
kannt blieb, so kann ich ihre engere Verwandtschaft nicht
jetzt schon ermitteln; vielleicht steht sie *Biduanda* Dist.
zunächst; einer der beiden Abtheilungen der *Horaga*-Gruppe,
welche einerseits durch *Rathinda - Horaga - Catapoecilma*,
andererseits von *Drupadia-Eooxylides* gebildet werden, kann
sich die aethiopische neue Gattung nicht wohl eng anschliessen,
da bei den Angehörigen beider Abtheilungen die Subcosta
des Vorderflügels nur dreiästig (nach de Nicéville's Bezeichnungsweise zweiästig) ist. Der wesentliche Unterschied
von *Iolaus* Hb. liegt in der Bildung der starken, einer
eigentlichen Kolbe entbehrenden, an die von *Spalgis* Moore
erinnernden Fühler.

Type: *Papilio liger* Cramer, Pap. Ex. III, 1782, tab.
254, fig. E, F = *Papilio hymen* F., Syst. Ent. 1775, p. 519,
n. 322 (seq. W. Kirby sub *Sithon*).

Da die Abbildung Cramer's mancherlei zu wünschen
übrig lässt, so gebe ich hier eine ausführliche Beschreibung
des allein mir vorliegenden Weibchens:

Flügeloberseite braun, mehr oder weniger ausgedehnt
bläulichweiss beschuppt: im Vorderflügel auf ⅓ des Vor-

derrandes bis $^2/_3$ des Hinterrandes mit zackiger äusserer Randlinie, im Hinterflügel ausgedehnter, sodass von der Grundfarbe hier nur der Vorder- und Aussenrand an der Spitze bis M$_2$ und der Saum zwischen M$_2$ und SM fleckenartig frei bleibt. Aussenrand der Hinterflügel schmal schwarz gesäumt, mit je einem fädigen schwarzen, weiss gerandeten Schwänzchen von 5 mill. Länge an SM und M$_2$ und einem ebensolchen von 7 mill. Länge an M$_1$; der schwarze Saum wird einwärts zwischen UR und SM von einer weissen Linie begleitet. Fransen im Vorderflügel braun, im Hinterflügel weiss.

Flügelunterseite braun mit weissen Linien und Binden; im Vorderflügel ist der Hinterrand breit weiss, im Hinterflügel zieht eine, weisse Strahlen aussendende, weisse Binde in schwachem Bogen von der Spitze zum Analrande nahe der Wurzel, woselbst sie zwischen IA und dem Analrande sich gabelt. Im Vorderflügel durchziehen das Wurzelfeld bis über die Mitte der Länge hinaus etwa acht unregelmässig unterbrochene weisse quere Zickzacklinien, an welche mehr saumwärts eine zumeist aus innen offenen, hintereinanderliegenden Winkellinien bestehende weisse Zeichnung sich anschliesst; je eine dieser Winkelzüge liegt zwischen SC$_4$ und OR, OR und UR, UR und M$_3$, M$_2$ und M$_1$, während in dem Felde zwischen M$_3$ und M$_2$ nur ein aussen spitziger weisser Längsstrich steht; endlich verlaufen saumwärts zwei wellige weisse Querlinien parallel dem schmal schwarz gesäumten Aussenrande und einwärts wird der schwarze Aussenrandsaum noch von einer aufgelichteten Linie begleitet. Im Hinterflügel vereinigen sich die weissen Linien zum Theile zu dunkelbraun ausgefüllten Ringen, von denen drei nahe der Wurzel einwärts von der weissen Bogenbinde, drei auswärts von derselben liegen; gleich jenseits der Mitte folgt eine Querreihe von vier weiss umzogenen dunkelbraun ausgefüllten Flecken, deren vorderster und grösster von SC bis M$_3$ reicht und der Länge nach durch eine lichtere Linie getheilt ist, während die drei hinteren kleineren durch eine vorn und hinten abgekürzte weisse Linie ihrer Länge nach fast halbiert werden; von diesen sind die beiden zwischen M$_3$ und M$_2$, M$_2$ und M$_1$ einfach und fast längsgerichtet, der hinterste zwischen M$_1$ und SM aber mit nach innen offener Biegung gebrochen; auswärts von diesen Zeichnungen zieht eine hier und da unterbrochene und an OR abgesetzte, dunkelbraune, einwärts weiss begleitete Bogenlinie von SC zur Mitte des Analrandes und wird weiter saumwärts noch von einer zwischen M_3 und M_1 aussen an sie anstossenden weissen Linie begleitet; endlich ist der Aussenrand schmal schwarz gesäumt und dieser Saum einwärts noch von einer dem Rande parallelen weissen Linie begleitet; noch liegt zwischen M_2 und M_1 saumwärts ein grosser mit isolierten grünen Schuppen bekleideter schwarzer Fleck, ein ähnlicher zwischen SM und dem Analrande und ein mit metallisch blauen Schuppen geschmückter schwarzer Fleck vom Rande etwas mehr abgerückt zwischen M_1 und SM. Fransen im Vorderflügel bräunlich, im Hinterflügel schmutzig weiss.

Leib bläulichweiss bekleidet. Fühler oben gelb, unten eng schwarz und weiss quergestreift.

Körperlänge 12,5, Vorderflügellänge 18,5, Spannweite 33,2 mill.

Von dieser schon lange bekannten, auf der Flügelunterseite höchst eigenthümlich gezeichneten Lycaenide liegen im Berliner Museum nur zwei übereinstimmende weibliche Exemplare vor, das eine, der Schwänzchen beraubt, von der Barombi-Station am Elefantensee in Kamerun aus den Sammlungen des Herrn Dr. Paul Preuss, das andere von der Goldküste, dem Berliner Museum vom Herrn Geheimen Sanitätsrathe Dr. Max Bartels tauschweise überlassen.

Hypomyrina Druce.

Druce vergleicht (Ann. Mag. Nat. Hist., 6. ser., III, 1891, p. 364) seine auf *Myrina nomenia* Hew. mit 3 Subcostalästen im Vorderflügel und nur einem Schwänzchen (an M_1) im Hinterflügel gegründete Gattung *Hypomyrina* mit *Hypolycaena* Felder. *Hypolycaena* Felder von den Philippinen besitzt nun aber, wie Druce selbst hervorhebt, im Vorderflügel einen Subcostalast mehr und im Hinterflügel ein Schwänzchen auch an SM, sodass eine engere Verwandtschaft zwischen beiden durchaus nicht in Frage kommen kann und der Vergleich werthlos ist; dahingegen steht *Hypomyrina* Druce den wesentlich auf Färbungsunterschiede begründeten Gattungen *Deudorix* Hew.[1]) (Type: *epijarbas* Moore) und *Zinaspa* Nicév.[2]) (Type: *todara* Moore) so überaus nahe, dass die von Druce angegebenen Gattungs-

---

[1]) „Upperside, male red, female fuliginous", de Nicéville, loc. cit., p. 20; — „The eyes are hairy", idem, l. c., p. 449.

[2]) „Upperside, both sexes purple", de Nicéville, loc. cit., p. 20; — „The eyes are naked", idem, l. c., p. 451.

charaktere von *Hypomyrina* diese Gattung weder von *Deudorix* noch von *Zinaspa* unterscheiden lassen; jedoch sind
die aethiopischen Arten, welche ich als zu *Hypomyrina* ge-
hörig ansehe, alle von den durch de Nicéville abgebildeten
Arten von *Deudorix* und *Zinaspa* durch an ihrer Spitze
mehr gerundete längere Vorderflügel und am Hinterrande
weniger ausgezogene Hinterflügel habituell abweichend. Zu
Hypomyrina stelle ich ausser der typischen Art, *H. nomenia*
(Hew.) (Hewitson, Ill. Diurn. Lep., Lycaen., Suppl. tab. 36,
fig. 105—106), noch die mir in natura unbekannte *Myrina
nomion* Staud. (Iris, IV, 1891, p. 156, tab. 1, fig. 11), *Deudorix acares* Karsch (Berl. Ent. Zeitschr. XXXVIII, 1893,
p. 219) und eine sehr abweichende, anscheinend unbeschriebene, central-afrikanische Art:

Hypomyrina perigrapha nov. spec.

Flügeloberseite schwarzbraun mit einer gemeinsamen
breiten, von UR des Vorderflügels bis zu SM des Hinterflügels sich erstreckenden ochergelben Querbinde, welche
wurzelwärts ein breiteres Feld, saumwärts einen schmäleren
Rand der Grundfarbe freilässt.

Flügelunterseite dunkel spangrün, mit der breiten ochergelben Querbinde der Oberseite, welche jedoch hier im Vorderflügel verschmälert bis zum Costalrande, im Hinterflügel
winkelig verschmälert bis zum Analrande fortgesetzt, in
ihrer ganzen Ausdehnung, auswärts und einwärts stark aufgehellt, ziemlich breit sahnefarbig berandet ist; im Vorderflügel stehen zwischen dem Innenrande dieser Binde und
dem Zellende drei weissliche Querzüge und im Hinterflügel
grenzt an die Binde einwärts zwischen SM und dem Analrande eine schmale, winkelige, blauweisse Randlinie, zwischen
dem Analrande und M_2 eine winkelige, schwarzbeschuppte
und nach aussen von dieser eine solche blauweisser Schuppen;
das Feld zwischen dieser Linie und dem Flügelaussenrande
ist schwarz gefleckt und aussen schmal weiss gesäumt; die
kleinen schwarzen Flecke zwischen M_3 und SC je mit einer
aussen offenen Bogenlinie weisslicher Schuppen; die schwarzen
Flecke zwischen SM und M_3 gross, der sehr grosse Fleck
zwischen M_1 und M_2 einwärts mit einer aussen tief offenen
Bogenlinie gelber Schuppen, die beiden anderen mit einer
solchen gelber Schuppen und auswärts noch von einer Linie
blauweisser Schuppen begleitet; der feine Schwanzfaden
an M_1 ist schwarz, der gerundete Lappen am Analwinkel
schwarz, an der Wurzel blau beschuppt und einwärts von

einer zum Analrande fortgesetzten Linie gelber Schuppen begleitet; Fransen schwarz, durch die Mitte weiss getheilt. Leib obenauf schwarzbraun, unten dunkelspangrün bekleidet. Stirn schwarz, an den Augenrändern weiss. Fühler schwarz, weiss geringelt. Taster schwarz, weiss beschuppt. Beine schwarz, weiss beschuppt, schwarz geringelt. Vorderflügellänge 14, Spannweite 27 mill. Nach zwei männlichen Exemplaren (ohne Hinterleib) aus Centralafrika (6° s. Br., 22—26° ö. L. v. Gr.), das eine vom 9. Februar 1882, das andere vom 28. October 1881, im Urwalde durch den Forschungsreisenden Dr. Paul Pogge erbeutet.

Von *Hypomyrina nomenia* (Hew.), *Hyp. nomion* (Staud.) und *Hyp. acares* (Karsch) durch den breiten dunkel braunen Aussenrand der Hinterflügeloberseite und die dunkel spangrüne Grundfarbe der ganzen Flügelunterseite auffallend verschieden.

Kopelates Druce.

D r u c e vergleicht (Ann. Mag. Nat. Hist., ser. 6, III, 1891, p. 364) seine auf eine neue Art (*Kopelates virgata* Druce[1]) gegründete Gattung *Kopelates* mit *Hypomyrina*, von der sie sich im Geäder nur dadurch unterscheidet, dass SC_1 auf eine Strecke mit C sich berührt; die Gattung gehört demnach offenbar auch in die *Deudorix*-Gruppe und unterscheidet sich von *Hypomyrina* Druce wesentlich nur durch den Besitz sexueller Sonderabzeichen auf den Flügeln des Männchens. Leider gibt D r u c e nicht an, ob das Männchen am Hinterrande der Vorderflügelunterseite ein Borstenbüschel führt und wie die sexuelle Auszeichnung am Vorderrande des Hinterflügels beschaffen ist, sodass es zweifelhaft bleibt, welcher Abtheilung der *Deudorix*-Gruppe bei de Nicéville diese Gattung angehört, ob sie *Ilysudra* Moore ohne Borstenbüschel der männlichen Vorderflügelunterseite näher steht oder den M o o r e'schen Gattungen *Rapala*, *Bindahara*, *Virachola* und *Sinthusa* mit einem Borstenbüschel. Ohne Kenntniss der *Kopelates virgata* bin ich auch ausser Stande, mir ein Urtheil zu bilden darüber, ob zwei in ihrer Färbung sehr verschiedene, aber in der Bildung ihrer männlichen Geschlechtsabzeichen übereinstimmende Arten Centralafrika's,

---

[1] Nach S t a u d i n g e r (Iris, IV, 1893, p. 223) ist die von ihm als *Hypolycaena gracilis* (Iris, IV, 1891, p. 152, tab. 1, fig. 9) beschriebene und abgebildete Lycaenide die *Kopelates virgata* Druce.

die ich hier zu einer neuen Gattung *Actis* vereinige, mit
Kopelates in näherer Verwandtschaft stehen.

Actis nov. gen.

Im Vorderflügel die Subcosta vierästig. Hinterflügel
am Analwinkel gelappt und an der Mündung von M_1 mit
einem zarten Schwanzfaden versehen. Beim ♂ nahe dem
Hinterrande der Vorderflügelunterseite kein Borstenbüschel,
aber am Vorderrande der Hinterflügeloberseite ein glatter
und seidig-glänzender (nicht filziger und matter) weisser
Schuppenfleck, in dessen Mitte eine quere Narbe liegt; diese
Narbe wird von dem diesseits der Mitte nach hinten gerundet vorgezogenen Hinterrande des Vorderflügels bedeckt.

Die Gattung steht in der *Deudorix*-Gruppe *Hysudra*
Moore zunächst.

Actis mimeta nov. spec.

Flügeloberseite schwarzbraun, im Hinterflügel am Vorderrande gleich auswärts von der Wurzel von OR liegend
mit breiter bis zur Falte zwischen OR und UR reichender,
fast die Flügelspitze erreichender und hier gerundeter, ochergelber Längsbinde; vereinzelte blaue Schüppchen stehen im
Vorderflügel besonders am Vorderrande, längs und vor der
Mediana, sowie hinter SM nahe der Wurzel und eine breite
Saumbinde solcher Schüppchen läuft dem Aussenrande
parallel; im Hinterflügel ist das Feld zwischen M_1 und SM,
besonders auf der Mitte, das zwischen SM und 1A auf der
Endhälfte mitsammt dem Analläppchen ziemlich dicht blau
beschuppt; Schwanzfaden schwarz, an der Spitze weiss.
Fransen braun, durch die Mitte weiss getheilt.

Flügelunterseite dunkelspangrün; im Vorderflügel mit
fünf zarten welligen weisslichen Querlinien, zwei durchlaufenden jenseits der Mitte und zwischen ihnen und dem Zellende
drei hinten abgekürzten; Hinterflügel mit rundlichem, ziemlich ausgedehntem lichtem Querfleck unmittelbar jenseits der
Mitte zwischen C und M_3 und im Anschlusse an diesen
nach hinten bis zum Analrande mit einer gelben, zuerst
schwarz, dann weiss eingefassten Zickzacklinie; vor dem
schwarzen Analläppchen mit einer Bogenreihe gelber Schuppen, an welche auswärts einige blaue Schuppen anstossen;
das Feld zwischen SM und M_1 saumwärts schwarz mit
weisslicher Saumlinie einwärts von den Fransen und wie
mit blauen und gelben Schuppen bestreut, das Feld zwischen
M_1 und M_2 saumwärts mit grossem schwarzem Fleck, der

einwärts von den Fransen weiss gerandet ist und von einem aussen offenen Bogen gelber Schuppen abgeschlossen wird; das Feld zwischen M_2 und M_3 mit kleinem, einwärts blaue Schuppen führendem und einwärts von den Fransen weisslich eingefasstem schwarzem Fleck.

Leib obenauf schwarzbraun, unten grau. Stirn schwarz, mit weissen Augenrändern. Fühler schwarz, weiss geringelt. Taster schwarz, weiss beschuppt.

Körperlänge 10, Vorderflügellänge 14, Spannweite 27 mill.

Nach zwei männlichen Exemplaren aus Centralafrika, im Urwalde (6° s. Br., 20—26° ö. L. v. Gr.) am 28. October 1881 durch den Forschungsreisenden Dr. Paul Pogge gefangen.

Die vorliegende Lycaenide ist dieselbe Art, deren der verstorbene Herm. Dewitz gelegentlich der Beschreibung seiner *Liptena ideoides* (Deutsche Entomol. Zeitschr. XXX, 1886, p. 428) mit den Worten Erwähnung that: „Die Art gleicht oben auffällig einer *Lycaena*, welche sich auch in derselben Collection befand."

Actis ula nov. spec.

Flügeloberseite schwarz, ziemlich dicht mit kaiserblauen Schüppchen bestreut.

Flügelunterseite dunkel spangrün, mit den lichten schwachen Zügen der *Actis mimeta*; der Hinterflügelunterseite fehlt jedoch der grosse lichte Querfleck am Vorderrande zwischen C und M_9.

Leib obenauf schwarz, blau beschuppt, unten braun, Stirn schwarz mit weissen Augenrändern, Fühler schwarz, weiss geringelt. Taster schwarz, unten weiss bekleidet. Beine schwarz, weiss geringelt. Hinterleib nur zur Hälfte erhalten.

Vorderflügellänge 14,5, Spannweite 28,5 mill.

Nach einem einzelnen Männchen von Mukenge durch Dr. Paul Pogge.

Hypokopelates Druce.

Seine Gattung *Hypokopelates* gründete Druce (Ann. Mag. Nat. Hist. ser. 6, III, 1891, p. 364) auf die mir in natura unbekannte *Hypolycaena mera* Hew. (Hewitson, Ill. Diurn. Lep., Lycaen. Suppl. tab. 5 b, fig. 49, 50). Er giebt nicht an, ob das ♂ bei dieser *Kopelates*-verwandten Gattung am Hinterrande der Vorderflügelunterseite einen Borstenbüschel trage oder nicht; auch aus Hewitson's

Abbildung und Beschreibung geht das nicht hervor; nun
liegt mir aber in zwei männlichen Exemplaren eine *Deudorix*-
ähnliche Lycaenide von der Barombi-Station in Kamerun
vor, welche wohl die *Hypolycaena aruma* Hew. (Hewitson,
Ill. Diurn. Lep., Lycaen., Suppl., tab. 5 b, fig. 47, 48, ♂) ist,
dieselbe Zeichnungsanlage wie *Hypokopelates mera* (Hew.)
auf ihrer Flügelunterseite zeigt und mit dieser Art congenerisch sein dürfte; dieselbe besitzt einen Büschel Borstenhaare auf dem Hinterrande der Vorderflügelunterseite beim ♂
und schliesst sich demgemäss der Abtheilung der Gattungen
Rapala - Bindahara - Virachola - Sinthusa bei d e Nicéville
(Gattungen 172—175) an. Dieser Abtheilung gehört auch
eine kleine Anzahl noch wenig gekannter, im männlichen
Geschlechte auf der Flügeloberseite prachtvoll tiefblau ge-
färbter und atlasglänzender, unterseits matt brauner und
fein weiss gestrichelter Arten an, welche ich dieser gemeinsamen Eigenthümlichkeiten wegen mit *mera* und *aruma* generisch nicht vereinigen mag, sondern als selbständige
Gattung betrachte und von denen ich eine mir damals allein
und in nur einem Stücke zu Gesichte gekommene Art in
meiner Arbeit über die Insecten der Berglandschaft Adeli
wohl irrthümlich als *Deudorix deritas* Hew. bestimmt und
aufgeführt habe; das ♀ kenne ich nicht.

Diopetes nov. gen.

Im Vorderflügel die Subcostalader (beim ♂) vierästig.
Hinterflügel am Analwinkel gelappt und an der Mündung
von M₁ mit einem zarten Schwanzfaden versehen. Beim ♂
nahe dem Hinterrande der Vorderflügelunterseite mit einem
Büschel steifer Borstenhaare und am Vorderrande der
Hinterflügeloberseite mit einem durch den diesseits der
Mitte nach hinten rundlich vorgezogenen Vorderflügelhinterrand mehr oder weniger bedeckten, grossen, eckigen,
rauhen, matten, an die Zelle vorn grenzenden, gelben Filzfleck. Dieser stösst hinten an den Ursprung von OR und
füllt ausgedehnt die Wurzel des Feldes zwischen OR und
SC. Dem Filzfleck der Hinterflügeloberseite entspricht unterseits eine grosse umgekehrt tellerförmige Erhabenheit.

Type: *Deudorix deritas* (Hew.).

Die Gattung *Diopetes* mit oben tiefkaiserblauen, unten
dunklen, schwärzlich graugrünen, weiss gefleckten Flügeln
gehört der *Deudorix*-Gruppe an und steht speciell den Gattungen *Rapala* und *Bindahara* Moore nahe, ist von *Rapala*

durch die Form des Filzflecks die Hinterflügeloberseite, von *Bindahara* durch den kurzen feinen Schwanzfaden der Hinterflügel abweichend.

Die drei im Berliner Museum vorhandenen Exemplare gehören vielleicht doch einer einzigen an Grösse und in Zeichnung der Flügelunterseite ausserordentlich variabeln Art, *D. deritas* Hew., an, eine Annahme, deren Richtigkeit ich aber nicht für sehr wahrscheinlich halte; einstweilen unterscheide ich sie nach folgender Bestimmungstabelle:

1 (4) Kleinere Arten von nur 13 mill. Körperlänge, 15 mill. Vorderflügellänge und 29 mill. Spannweite ($\mathcal{J}$).

2 (3) Die umgekehrt tellerförmige Erhabenheit der Hinterflügelunterseite ist nicht weiss beschuppt. der Hinterrand der Vorderflügelunterseite ist nur hinter SM ausgedehnt weiss gefleckt. Ein $\mathcal{J}$ von der Yaúnde-Station im Hinterlande von Kamerun (G. Zenker) stimmt vollkommen mit *Deudorix deritas* Hew. (Hewitson, Ill, Diurn. Lep., Lycaen., Suppl. p. 30, tab. 5a, fig. 58, 59, $\mathcal{J}$) überein: . . . . *deritus.*

3 (2) Die umgekehrt tellerförmige Erhabenheit der Hinterflügelunterseite ist weiss gefleckt; der Hinterrand der Vorderflügelunterseite ist bis zur Falte zwischen SM und M_1 ausgedehnt weiss gefleckt. — Die weissen Linien der Unterseite, welche wie bei *deritas* vertheilt sind, werden hier überall von weissen Atomen begleitet, und solche Atome stehen auch, zu Fleckchen und Strichen gruppiert, auf der Wurzelhälfte beider Flügelpaare, wo sie bei *deritas* fehlen. — Ein $\mathcal{J}$ von der Yaúnde-Station im Hinterlande von Kamerun (G. Zenker). Möglicherweise eine abweichend gefärbte *deritas*: . . . . *catalla.*

4 (1) Grössere Art von 17 mill. Körperlänge, 20 mill. Vorderflügellänge und fast 38 mill. Spannweite. — Oben und unten ganz wie *deritas* Hew. gefärbt und gezeichnet = *Deudorix deritas* Karsch (Berl. Ent. Zeitsch. XXXVIII, 1893, p. 219) nec *deritas* Hew. — Ein $\mathcal{J}$ von Bismarckburg im Hinterlande von Togo (Dr. R. Büttner): *aucta.*

Hesperiiden.

Von Kamerun erhielt das Museum für Naturkunde zu Berlin durch Herrn Dr. Paul Preuss zwei einander überaus ähnlich gefärbte und gezeichnete grosse Hesperiiden, welche durch die dunkelbraune Farbe ihrer Flügel und eine

subapicale gelbe Schrägbinde ihrer Vorderflügel an die neu-
weltlichen Arten der Gattung *Lychnuchus* Hb. erinnern, aber
in der Bildung ihrer Fühler, Taster, Beine und Flügel-
aderung so vollständig von einander abweichen, dass sie
durchaus verschiedenen, vielleicht sehr weit getrennten
Gattungen angehören. Da ich keine der beiden Arten in
eine bekannte Gattung einzureihen vermag, so wie ich
auch zu beiden eine passende Artbeschreibung vermisse, muss
ich leider die grosse Zahl der Hesperiiden-Genera noch um
zwei vermehren, hebe aber hervor, dass beide Arten recht
augenfällige, von allen aethiopischen Hesperiiden abweichende
Typen darstellen.

Ortholexis nov. gen.

Fühler lang, länger als die halbe Costa des Vorderflügels, mit wenig verdickter, zu einem langen gebogenen
spitzen Haken ausgezogener Kolbe. Drittes Tasterglied
kurz, aber deutlich hervortretend, zugespitzt, nach vorn ge-
richtet. Flügel breit und im Verhältniss kurz; Vorderflügel
mit gerundeter Spitze, bis M_1 geradem, dann zwischen M_1
und SM etwas ausgebogenem und schräg von vorn und
aussen nach hinten und innen gerichtetem Aussenrande, mit
deutlichem Hinterwinkel und vor demselben mündender
Submediana, mit kurzer, kaum ein wenig über die Mitte
der Flügellänge hinausreichender, aussen breit rundlich ge-
schlossener Zelle, und zwischen M_1 und M_2 etwas gebogener
Mediana; die Subcostaläste gerade, UR (Ader 5) am Grunde
nicht gebogen und näher an OR (Ader 6) als an M_1 (Ader
4) wurzelnd, die Discocellularen in gerader, dem Aussenrande ziemlich paralleler Flucht, der Flügelbasis näher
als der Wurzel von M_2 entspringend; Hinterflügel breit gerundet, zwischen der Mündung von M_1 und dem Analwinkel
winkelig eingebuchtet, die Discocellularen stark gebogen
(UDC viel länger als MDC), SC (Ader 7) viel näher an der
Wurzel von OR (Ader 6) als an der von C (Ader 8) entspringend, UR (Ader 5) zart, M_2 (Ader 3) eine kurze Strecke
einwärts vom hinteren Zellende wurzelnd, M_1 (Ader 2) näher
dem Ursprunge von M_2 und weitab von der Flügelbasis abgezweigt. Hinterschiene mit sehr langer Behaarung und mit
zwei Paar Spornen.

Die Gattung dürfte in der Nähe von *Tagiades* Hb. ihren
systematischen Platz finden; sie theilt mit *Tagiades flesus*
(F.) die zwischen den Wurzeln von M_1 und M_2 gebogene
Mediana, weicht aber sonst vollständig ab.

Ortholexis melichroptera nov. spec.

Flügel oben und unten dunkelbraun, im Vorderflügel oben mit schwach blauem Anfluge, unten mit aufgelichtetem Hinterrande, beiderseits mit breiter subapicaler, vom Vorderrande bis M_1 nahe dem Aussenrande reichender, halb durchscheinender, honiggelber, auf den Adern und an ihren Rändern ochergelber Schrägbinde, welche ganz jenseits der Zelle liegt; dieselbe setzt breit am Vorderrande an und stösst mit schwach welliger Innenrandlinie und zackig welliger Aussenrandlinie hinten mit gerundetem Winkel auf M_1 (Ader 2), indem sie den Aussenrand des Flügels nicht erreicht, vielmehr aussen mit gerader, demselben paralleler Aussenrandlinie in der ganzen Breite des Feldes zwischen M_1 (Ader 2) und M_2 (Ader 3) abschneidet; ihre grösste Breite erreicht diese Binde zwischen OR (Ader 6) und UR (Ader 5).

Körper braun behaart; zweites Tasterglied aussen gelb beschuppt; Vorderbeine gelb bekleidet; Fühlerkolbe unten gelb. Die lange Behaarung der Hinterschiene braun.

Körperlänge 21, Vorderflügellänge 28, Spannweite zwischen den Mündungen von M_2 (Ader 3) des Vorderflügels 51 mill.

Nach einem Exemplare ($\male$) von Victoria in Kamerun (durch Herrn Dr. Paul Preuss).

Loxolexis nov. gen.

Fühler lang, länger als die halbe Costa des Vorderflügels, mit wenig verdickter, in einen stumpfwinkelig abgebogenen, ziemlich langen, gespitzten Faden auslaufender Kolbe. Drittes Tasterglied völlig versteckt. Flügel breit und verhältnissmässig kurz; Vorderflügel mit gerundeter Spitze, geradem, hinten gerundetem Aussenrande, mit gerundetem, die Mündung von SM (Ader 1) aufnehmendem Hinterwinkel, sehr langer, fast $^2/_3$ der Costallänge einnehmender, vorn spitz ausgezogener Zelle und zwischen M_1 und M_2 gerader Mediana; C (Ader 12) vor ihrer Mündung, SC_1 (Ader 11) am Grunde sehr stark gebogen, UR (Ader 5) zwar gerade, am Grunde nicht gebogen, aber der Wurzel von M_3 (Ader 4) entschieden näher als der Wurzel von OR (Ader 6) entspringend, die Discocellularen in sehr schräger, mit dem Aussenrande in ihrer Verlängerung einen spitzen Winkel bildender Flucht, M_1 (Ader 2) viel näher der Flügelbasis als dem Ursprunge von M_3 (Ader 3) wurzelnd; Hinterflügel breit gerundet, zwischen der Mün-

dung von M_1 (Ader 2) und dem Analwinkel etwas winkelig
eingebuchtet, die Discocellularen sehr schwach gebogen
(UDC so lang wie MDC), SC (Ader 7) viel näher der Wurzel
von OR (Ader 6) als der Wurzel von C (Ader 8) entspringend,
UR (Ader 5) sehr zart, M_2 (Ader 3) wenig einwärts vom
hinteren Zellende wurzelnd, M_1 (Ader 2) zwar weit einwärts
von der Wurzel von M_2 (Ader 3), aber dieser Ader näher
als der Flügelbasis abgezweigt. Hinterschiene ohne lange
Behaarung, mit zwei Paar Spornen.

Ich habe mich vergeblich bemüht, für diese Gattung
den passenden Platz im neuesten Hesperiiden-Systeme von
Watson [1]) (Proc. Zool. Soc. London 1893 p. 3 —132) auf-
zufinden; die von Watson angegebenen Unterschiede der
von ihm angenommenen Sectionen sind zum Theil so un-
sicher und stehen so oft in Widerspruch mit der Charakte-
ristik der einzelnen Gattungen, dass man nur selten zu einem
befriedigenden Schlusse gelangen kann. So könnte denn
nach Watson's Angaben auch die vorliegende Hesperiiden-
gattung ebenso gut der Section B der Gruppe Hesperiinae,
wie der Section A oder B der Gruppe Pamphilinae bei
Watson einverleibt werden; in keiner der drei Sectionen
aber habe ich eine ihr nahestehende Gattung ermittelt.

---

[1]) Auf einige grobe Versehen der Watson'schen Abhandlung
sei hier aufmerksam gemacht. *Cyclopides inornatus* Trimen
wird p. 96 als 4. Art zum Genus *Ampittia* und p. 114
nochmals als 6. Art zum Genus *Baracus* verwiesen! Zum
Genus *Talides*, von dem es p. 122 heisst „Confined to tro-
pical America", wird auch die Art *Hesperia cerymica* Hew.
gebracht, von welcher Hewitson als Herkunft „Old Calabar"
angiebt; da Herrn Watson die Type Hewitson's vorlag,
so kann an der Richtigkeit der Bestimmung wohl kein Zweifel
aufkommen; dass aber Hewitson's Vaterlandsangabe richtig
ist, beweist ein aus Afrika stammendes männliches Exemplar
dieser Art im Berliner Museum! Die typische Art der Gattung
Trichosemium Holl. (Holland schreibt *Tricosemeia*, Watson *Trichosemeia*), *T. subolivescens* Holl., blieb mir un-
bekannt; die von Watson zu *Trichosemium* gestellte *Hesperia
pulvina* Plötz ist aber nach ihrem Geäder eine Pamphiline
im Sinne Watson's, keine Hesperiine, als welche Watson
Trichosemium behandelt; sind nun die Arten *pulvina* Plötz
und *subolivescens* Holl. congenerisch oder sind sie es nicht?

Loxolexis percnoptera nov. spec.

Flügel oben dunkelbraun, unten heller braun und am Hinterrande des Vorderflügels aufgehellt, im Vorderflügel jenseits der Mitte mit breiter subapicaler, halbdurchscheinender, honiggelber, auf den Adern und an den Rändern orangegelber Schrägbinde, welche den Vorderrand schmal freilässt, vorn breit gerundet beginnt und nach hinten, ohne den Aussenrand zu erreichen, nur bis M_2 reicht, woselbst sie stark verschmälert endet; ihre Innenrandlinie ist fast gerade, jedoch an drei Stellen von der Grundfarbe eingeschnitten und zwar auf der Subcostale zwischen den Abzweigungen von SC_2 (Ader 10) und SC_3 (Ader 9), ferner in der Zelle längs MDC und endlich sehr schwach an M_3 (Ader 4) zwischen M_3 und M_2; ihr Aussenrand ist stark wellig gerundet; diese Binde liegt nicht ganz jenseits der Zelle, sondern nimmt noch die ganze Zellenspitze vorn bis zur Wurzel von SC_2 (Ader 10) und hinten fast bis zur Wurzel von UR (Ader 5) in Beschlag.

Körper braun behaart; zweites Tasterglied aussen nur wurzelwärts auf der Mitte gelb beschuppt; Stirn und Scheitel gelb bekleidet; Fühlerkolbe unten gelb.

Körperlänge 19, Vorderflügellänge 25, Spannweite nahe der Vorderflügelspitze 47 mill.

Nach einem Exemplare ($\male$) von der Barombi-Station am Elefantensee in Kamerun (durch Herrn Dr. Paul Preuss).